毎日つかう漆のうつわ

赤木明登　高橋みどり　日置武晴

とんぼの本

新潮社

ぬりもの

―毎日つかう漆のうつわ―

むずかしい話ではなく、写真をパッと見て、「あっ、漆ってなかなかいいね。こんなふうに使うとかっこいいよね」と思えるような漆のうつわの入門書、それも使い方を紹介するような本があったらいいなと、かねがね思っていました。そのことを、友人で、食まわりのスタイリストをしている高橋みどりさんに相談したところ、「わかった、一緒にやりましょう！」とのお返事で出来上がったのが、この本です。

さて、そんな僕は、輪島に住んでいる塗師。「ぬりし」ではなくて、ふつうは「ぬし」と言っています。塗師というのは、漆器の製作に関わる職人のことです。赤木明登は漆芸作家ではないかという人もありますが、とんでもありません。作家さんは自己表現をしたり、極めた技術を人に見せたりするのが仕事。僕は、そうではなくて、ただ使うための、それもたくさんの人に使ってもらうための漆のうつわを作っています。僕が作るのは、あくまでも実用の品。そこで、誤解のないように、言葉を一つ考えつきました。ひらがなで「ぬりもの」です。毎日使うための漆のうつわを、この本の中では「ぬりもの」と呼んでいます。輪島の職人さんたちが、自分の作るものをふだんは「塗りもん」と呼んでいるのが、なんだかやさしく聞こえて好きでした。現在の高級なイメージとは違って、もともと輪島で作られていたのは実用のうつわだったのです。その本質を言い表すのに「塗りもん」という語感がふさわしいような気がするのです。

僕は、１９９４年に輪島で塗師としての修業を終えて、独立しました。その時からずっと「ぬりもの」を作り続けていますが、この間に時代は大きく移り変わったのです。ちょっと前までは、「ぬりもの」を毎日の暮らしの中でどんどん使おう、と言っても、聞いてくれる人はそんなに多くありませんでした。ところが今や、「ぬりもの」は引っぱりだこ。作り手としてはこんなに嬉しいことはありません。ほんとうにありがたい。同じ時代に生き、思いを同じくして、「ぬりもの」を作りつづけている仲間たちに、僕たちの作った「ぬりもの」を使ってくれるたくさんの使い手さんたちに、そしてなにより、使い手と作り手をこうして結んでくれたもの、自然が与えてくれた漆という素材に、僕は心から感謝しています。

食べ物にも感謝しなければなりません。「ぬりもの」はうつわですから、中に食べ物が入ってこその道具です。この気持ちを表すには、何よりおいしくいただくのがいちばん。あれを食べても、これを食べても、いつも「ありがとう」「おいしいよ」を連発しているのがほんものの食いしん坊。実は高橋さんも僕もかなりの食いしん坊なのです。

高橋さんは１９９４年の最初の個展から十数年間、東京で開かれる僕の個展にはすべて足を運んでくれています。スタイリストなんて聞くと、ちょっと浮わついた商売のイメージもありますが、実はものすごくまじめな人なのです。僕の他にも、高橋さんが定点観測している作り手さんは何人もいるらしい。こういう地道な活動が背景にあっての仕事なのですね。

さて、この本でご紹介できる「ぬりもの」は、広大な漆世界のほんの一部に過ぎません。というのも、「ぬりもの」は生活道具ですから、使ってみないと本当のよさがわからない。だから、この本で紹介しているのは高橋さんの家で、僕の家で、友人の職人さんたちの家で実際に使っているものがほとんどなのです。さらに、漆のうつわを作る産地も日本にはたくさんあります。その中で輪島だけを紹介したのは、僕がたまたま輪島で仕事をしていて、他の産地のことをまだよく知らないからなのです。未熟者ゆえに、そんな偏りがあることを最初にお詫びしておきます。

それでも、ここで紹介したのは、高橋さんと僕が、ほんとうに愛情を注ぐことのできる本物の「ぬりもの」ばかりなのです。この本が、読者の、そして高橋さんと僕の、まだ知らない広大で魅力的な漆の世界への入り口になることを願っています。

塗師◎赤木明登

目次

[上] 西端良雄作のうず文椀（本文23頁）。
[左頁] 柚餅子総本家中浦屋さんのショーウインドーから拝借したひさご菓子皿。

撮影………日置武晴

◇対談以外の本文は赤木明登によるものです。
また、キャプションおよび各章扉の文章は、特に記載がない限り編集部によるものです。
◇うつわのサイズの単位はcmです。

高橋みどりのいつもの食卓

高橋みどりさんが、ひとり暮らしを始めたとき、真っ先にほしいと思ったものが漆のお椀。以来気になるうつわがあれば買いあつめ、いまでは食器棚のぬりものの数も少なくない。漆のある、毎日の食卓を見せてもらった。

ごはんはおいしく食べたいから、自分の気持ちに引っかかるようなものは使わない。——高橋

ぬりものについて語る赤木さん（左）と高橋さん（右）。

うつわのコメント

高橋みどり

基本の汁椀

飯椀（和紙張仕上）　**赤木明登作**

はじめて自分で買った漆のうつわ。ツルツルピカピカの漆は自分の暮らしには合わないな、と思っていたときに出会いました。外側に和紙が張ってあるので指紋もつかないし、ちょっと厚手なところも気軽でいい。じつは飯椀とのこと。
高8.5　口径12.5　1万5000円

赤木　今日は高橋さんがふだんぬりものでどんなふうに食べているのか、のぞかせていただきました。高橋さんが最初に買ってくれた僕のうつわはお椀（上）でしたね。みんな最初に買ってくれるのはお椀なんです。それもごく普通の、高台がついたお椀です。

高橋　それが一番日本人の気持ちに合っているからだと思います。食べるというのは人間の生理だから、私はこれにご飯を入れたい、お汁を入れたいとストレートに思える形の物が好きなんです。

赤木　うつわを手に持って唇に当てて、食べ物をかき込むような食べ方をするのは日本人だけだそうです。それには、この高台のついた形というのが手に取りやすいし、持ち上げやすいし、唇につけたときも扱いがしやすい。日本人の長年の習慣からきている形だから素直なんです。

　そもそも漆をほしいと思ったきっかけは、ひとり暮らしと言っていましたね。

高橋　実家を出たのが30歳くらいだったので、その頃にはうつわに対してそれな

漆デビューの頃

三つ椀（和紙張仕上）　赤木明登作

お椀の次に買ったのが三つ椀。これは本当によく使う。とくに忙しいときのお昼ごはん。こんなふうに、いちばん大きな椀を丼みたいにして、あとは汁物とちょっとしたお惣菜を入れます。三つ重ねて収納できます。
高9.0　口径13.0（一番大きい椀）　4万5000円

りのこだわりがありました。プラスチックのお椀ではぜったいお汁を飲みたくなくて、それで漆のお椀を探しはじめたんです。

赤木　唇に触れるものが、プラスチックか、土のものか、漆かというのは気分的にものすごい差があると思います。唇というのは触覚の中で一番敏感なところだから。

　使いつづけてどうですか。

高橋　最初は買ったからにはという義務感もあったので、意識的に使うようにしていましたが、そのうち、ああこれはいいなと気持ちに触れてくるものがあった。それがなかったら、こんなに買い続けてはいないと思います。

赤木　心地よさとか、幸福感とか、豊かさとか。たしかにそういうのは、使ってみなければわからないことですよね。ところで、高橋さんがうつわを買うときの基準はなんですか？

高橋　基準というか、私はうつわを選ぶとき、その時の自分の気持ちを大切にし

大橋歩さんからいただいたお盆

このお盆が私の漆デビュー。大橋歩さんの事務所でアシスタントをしていたとき、大橋さんが高山寺の湯呑みにたっぷりのほうじ茶を入れて出したり、ウェッジウッドのボーンチャイナのカップ&ソーサで紅茶を出したりして、どちらにも違和感がないのがいいなあとあこがれていました。ひとり暮らしを始めるとき、お祝いに何かくださるというので、迷わず同じお盆をお願いしました。

ています。それはすごく単純なことで、たとえば赤木さんの葉反鉢（10頁）や仁城《にんじょう》義勝さんのお椀（12頁）は、胃が疲れてお粥とかあったかい麺が食べたいなと思っているときに出会ったもの。気持ちに素直に耳を傾けていると、ぴったりくるうつわに出会うことが多い。ただ、角偉《かどい》三《さぶ》郎《ろう》さんのうつわはあこがれが先にあって手に入れたものです。角さんはすごく有名な人で、値段的になかなか手が出なかったのですが、あるとき展覧会でこの七寸の皿（11頁）と、有名なだるま椀（79頁）をふたつ、思い切って買いました。一時はこのお皿にパンを、だるま椀にはスープを入れて、朝食用に使っていたことがありました。お皿は厚みと、あとこの縁の感じがいい。モダンな漆は苦手なんですが、なぜかこれは使いやすくて重宝していました。

赤木　もう亡くなってしまったけれど、角さんは輪島の中では風雲児的な存在でした。評価がわかれる人でもあるけれど、僕が輪島で漆をやろうと思ったのは角さ

葉反鉢（和紙張仕上）　赤木明登作
面取盆　大藏達雄作

葉反鉢は朱と黒を二色買いしました。驚くほど薄いけれどとても丈夫。また、お盆らしいお盆がほしいと思って買い求めたのがこの大藏達雄さんの面取盆でした。こんなふうにお膳のようにして使うことも。
葉反鉢　高6.5　最大口径19.0　4万円／面取盆　径36.0　3万円

んと出会ったからです。角さんの作るものからは、生き生きとした何かが感じられた。高橋さんは、角さんにモダンなものを感じているようですが、この人の中には、モダンさと、一方では、頑なな保守性があって、その両極の間で揺れている感じが魅力なんだと思います。

もうひとり、僕にとって大切な人が仁城義勝さんという人なんですが、仁城さんのうつわも高橋さんは愛用しているんですよね。

高橋　私が仁城さんのうつわと出会ったのは比較的最近のことですが。

赤木　仁城さんのうつわは、見てのとおりとてもシンプル。仁城さんは木から椀型をとる木地師なんですが、自分で木地をひいて、そのあと丈夫にするために漆を3回だけ塗る。それでおしまい。余計なことを何もしないその潔さが、僕にとっては常に自分の位置を確かめる基準になっています。

高橋　本当にありのまま、という感じがします。最近は陶磁器でも作り手の作為

角偉三郎のモダン

角偉三郎の皿

基本的に漆にモダンは合わない、と思っていますが、角さんのうつわにはずっとあこがれていました。いまは年を重ねて気持ちに変化が出てきたけれど、昔はパン皿としてよく使っていました。

径22.0

仁城義勝のぬくもり

椀　仁城義勝作

仁城さんのうつわは、あたたかいうどんのような、やさしい食べものがよく似合う。値段も手頃。それは、1年間で必要な生活費を、その年につくれるうつわの数で割って値付けをしているからとか。
高8.5　口径15.0　1万2000円（税込）

を感じると、こちらも身構えてしまってほしくなることが多い。それはたぶん年齢のせいもあって、家ではリラックスしてのんびりごはんが食べたい。食卓にとっては、照明や一緒に食べる人といったことが大切なように、うつわも大事。たとえばお風呂に入ったあとのゆるい気分で食べるのにちょうどいい、それが仁城さんのうつわ。お茶漬けを入れてもいいし、残ったご飯に味噌汁かけて食べてもいいよと言ってくれるみたいな、今の自分をそのまま受け容れてくれるような大きさがあります。

赤木　ただ、仁城さんのうつわは、シンプルで何もないかといえばそうでもなくて、この静謐さの中に僕は仁城さんの精神性の高さみたいなものを感じています。それはもしかしたら僕が仁城さんのものづくりの姿勢を知っているからかもしれませんが。仁城さんはどんな小さな木ぎれでもうつわとして生かそうとするし、思いがけず節や割れが出てきても、それをよけて別の形のうつわにします。実際

小鉢　仁城義勝作

京都にある「ギャラリー日日」の展示会で出会ったうつわ。会場で、水に浮かべた豆腐がふるまわれたんですが、その取り皿として実際に使わせてくれました。使ってみてはじめてこの浅さの意味を理解し、あまりの使いやすさにまとめ買いしました。
高5.0　口径12.0　6500円（税込）

のところ、ストーブの薪にしたとしても木を無駄にしないということでは同じことなんですが、でも、そういうふうに木をうつわとして生かしていこうという気持ちは僕には特別なものに思われます。その愛情はうつわの中にも入ってくると思う。

高橋　よくわかります。私が関わっている料理の本も同じで、不思議なことに本を見ると誠意とか愛情って全部伝わります。

赤木　話がそれましたが、漆のうつわを鍋の取り皿にするのはお薦めですよね。熱が伝わりにくいし、僕は、出っ張っている持ち手みたいなのがついたやきものの取り皿、あれが苦手です。小鉢（上）は六つまとめて買ったんですか？

高橋　そうです。でも漆は気軽に買える値段ではないから、ふつうは毎年個展で買い足していく感じですね。

赤木　仁城さんも僕もそうですが、たいていの作り手は、基本的なものは毎年作るから、少しずつ揃えていくといいと思います。

赤木家のお椀ものがたり

ぬりものの基本はやっぱりお椀。赤木さんが20年以上前から、集め、使い、ときにはそこから技術や志を学んできた赤木家のお椀たち。なぜそのお椀を手にしたのか？　使い心地や特徴は？　お椀を通して見えるぬりものの魅力。

赤木家は飯椀も汁椀もぬりものを使う。右から長男の茅くん、奥さんの智子さん、次女の音ちゃん、明登さん、そして犬の玉。長女の百ちゃんは、進学のため東京へ。

私のお椀

明登《あきと》

今愛用している飯椀は村瀬治兵衛作の蕪絵合鹿椀。
高8.0　口径13.0　2万8000円

赤木家の歴史
chronicle

1981年
進学のため上京

1985年
東日出夫のうつわに出会う
角偉三郎のうつわに出会う

1987年
結婚
東京で新婚生活をおくる
長女・百が生まれる

茅《かや》

赤木明登作の三井（みい）椀（小）。独立してすぐのころにつくった思い出のお椀。家族の住む土地は、かつて三井村と呼ばれていた。
高6.1　口径12.2　1万4000円

百《もも》

生まれたときから使っている、東日出夫作の
古文字椀。中国・殷の古文字で「百」とある。
もちろん、お椀を携えて上京した。
高6.0　口径13.0　1万1000円

智子《ともこ》

赤木明登作の天廣（てんこう）椀。
毎日飯椀として使っている。
高5.5　口径14.3　2万5000円

1988年
輪島へ移住

1989年
輪島塗職人・岡本進に
弟子入り
さまざまな職人と出会う

1991年
長男・茅が生まれる

1993年
年季が明ける

1994年
独立して工房を構える
東京で最初の個展を開く
犬の玉が生まれる

1995年
仁城義勝のうつわに出会う

1998年
次女・音が生まれる

2005年
はじめて弟子が独立

2006年
百が進学のため上京

玉《たま》

赤木家では犬も漆のうつわを使う。
赤木さんが特別に作った。

音《のん》

高田晴之作の根来（ねごろ）子椀。欅を朱と黒
で塗り、平らに研ぐことで木目を出している。
高6.5　口径9.7　9000円

［左］東日出夫

古い合鹿椀の写し。カンナと彫刻刀で椀の形を整える。錆仕上は江戸時代まで茶人に好まれたという、あえて古びをつける手法。

合鹿椀（カンナ目錆仕上）　高12.5　口径13.5
3万円

［右］角偉三郎

本来は補強のために上縁と下縁に布を張るのだが、この椀や20頁の椀はそれ自体を意匠としている。能登に伝わる合鹿椀を使いやすい大きさにアレンジしたと思われる。

盛小椀　高7.7　口径12.0

東日出夫と角偉三郎

赤木　まず、僕の漆との出会いを話させてください。僕自身も初めに買った漆はお椀でした。東日出夫《あずま》さんの合鹿椀《ごうろくわん》（上左）です。23歳くらいの時かな、東京のマンション暮らしだった頃です。合鹿椀は謎の多いお椀なんです。詳しくはこのあとの「輪島塗の歴史」を読んでいただきたいのですが、形が堂々としているでしょう。合鹿椀に魅せられた人は多いんです。そして、ほぼ同時期に出会ったのが角偉三郎さん。その頃、小合鹿と言っていたと思いますが、合鹿椀を小ぶりにしたようなお椀（上右）を買いました。そのお椀でこんなふうに汁を飲んで、東さんの合鹿椀でご飯を食べたのが、僕の最初の漆体験です。

高橋　東さんと面識は？

赤木　ありました。うつわもですが、僕は東さんという人自体が面白かった。全共闘の最後の世代で、その敗北感から、

[奥左] 角偉三郎

宗和膳（73頁）につく下刳型の飯椀を
のびやかに大きくしたイメージ。
座椀　高8.5　口径13.0

[奥右] 中島和彦

木は欅、縁には麻布を張り、下地に欅
の粉と漆を混ぜたものを使っている。
このお椀には野沢菜飯を盛ってみた。
時代椀　高9.5　口径13.0　3万円

対極にある自衛隊に身を置いたりして、そのあと鎌倉彫の老舗で修業して、自分のうつわを作るようになった。僕が出会った頃、東さんは大学で哲学を学んでいて、ファッション的な気分で哲学書を読んでいた僕は、はじめて構造主義とか現象学とかいうものと、自分が生きていることとか、ものを作ること、そういうことが結びついているんだとわかって愕然としました。すごく影響を受けた方です。

高橋　角偉三郎さんは？

赤木　角さんの場合はもう、うつわそのものの魅力にシビれてしまいました。僕はそれで輪島に来ちゃったわけです。そのほかのお椀はみんな輪島に来てから出会ったもの。

高橋　上の汁椀も角さんのですか？

赤木　そうです。これは座椀《くらわん》といって、最晩年の作です。僕は、角さんは美しい形を選び取るということに関しては天才的なセンスを持っていたと思っています。見てのとおり、お椀の横の線というのは、高台が立ち上がってきて、一度90度横に出てきて、腰があってカーブを描きながら上にむかっていく、たったそれだけなんですが、その線の中に無限の選択肢がある。その中からどの線を選び取るかというのは、作り手のセンスというか、一番選ぶ目の技術の必要なところです。角さんといえば合鹿椀と言われているけれど、僕はこの座椀は晩年に作ったすごい名作だと思っています。

　隣にあるのは中島和彦さんが合鹿椀を

写して作ったもの。中島さんはたいへん技術のある蒔絵師ですが、器用で何でもできる人で、あるときからお椀を作りはじめた。古いものの修理をするうちに、合鹿椀に出会ったそうです。合鹿椀は、実際に手にとってみるとわかりますが、表面に凹凸があります。この凹凸感が手にフィットするんですが、頼まれていじってるうちに、中島さんはこの肌のぶつぶつしたような、ちょっと鳥肌のたったような感じが刻苧《こくそ》漆という、欅の粉末と漆を混ぜ合わせたものを塗ることでできていると突き止めた。しかもそれは手で塗られていると。で、実際にやってみたんですね。この椀は自分で刳って、手で欅の粉末と漆を混ぜたものをなすり付けて、その上に、やっぱり手で生漆《きうるし》を塗り重ねている。中島さんもそうやって合鹿椀の世界が何だったのか知ろうとしているんだと思うと、僕にはとても興味深い。

角偉三郎

合鹿椀の写しを始めた初期の椀。裏に三つ星のサインがある。当時は「合鹿椀」としていたが、後年「盛椀」に改めた。

盛椀　高10.5　口径14.0

飯椀・汁椀

高橋　福田敏雄さんのは飯椀ですね。

赤木　福田さんは僕が輪島で最初に友達になった職人さんです。この椀（左頁）は僕が年季明けの時にお祝いにくれたもの。上下の布着せと、中塗りで仕上げて、下地も上塗りもしていませんが、まったく傷まないし、毎日どんどん使って大丈夫。

高橋　福田さんの飯椀は本当に飯椀らしい形をしていて違和感がないですね。

赤木　李朝の粉《こ》引《ひき》茶碗の形でしょうか。今はご飯はやきもの、汁は漆という、何か固定観念みたいなものがありますが、もともと日本人は飯も汁も木のうつわで食べていました。それが江戸中期頃に瀬戸物が大量に安く生産されるようになって、瀬戸物に取って代わられてしまった。僕は最初に使うぬりものとして、飯椀をお客様にすごく薦めるんです。

高橋　お椀って飯椀なのか汁椀なのかわからないのが多くて、実際作家さんに聞

[手前左] 福田敏雄

福田さんは伝統的な本堅地の輪島塗を学んだが、今は輪島下地はせず、上下に布着せをし、中塗りを重ねていくことで強度を出し、コストを抑えている。
羽反・飯椀（四寸一分）　高6.5
口径12.5　9000円

[手前右] 赤木明登

赤木さんのもっとも基本的な定番のお椀。
汁椀（和紙張仕上）　高7.0　口径
12.4　1万2000円

大宮静時

ナタやチェーンソーで切り出した木地をノミで彫る。ひとつひとつ手で作るので手間暇がかかる。生漆を7回塗り重ね、仕上げは半透明の漆を塗る「溜塗り」。ぼこぼこした質感がやさしい。
黒刳り貫き椀　高6.5　口径12.0　2万5000円

[左] 西端良雄

轆轤を回転させながら椀の内側にカンナをあてて縦筋をつけておき、筋が埋まらないよう漆を塗る。轆轤の目でいろいろな表現をする技術が発達しているのは山中塗で、西端さんはその山中の技術も継承している。
うず文椀　高6.5　口径13.0　1万6000円

[左下] 鵜島敬二

下地にあえてヘラ跡を残すことによって、模様や色を表現している。
椀　高6.8　口径12.0

[下] 赤木明登

江戸時代の輪島塗で、赤木さんが能登根来と呼んでいるお椀の写し。
三井椀（大・本堅地塗立）
高8.3　口径12.8　1万6000円

くと自由に使ってくださいと言われることも多い。さきほどの東さんの合鹿椀はずいぶん大きいけれど、合鹿椀は飯椀なんですよね？

赤木　そうです。本来は飯椀の方が大きくて小さい方が汁椀だから、あの取り合わせは昔ながらのもの。今はご飯をあまり食べずに具沢山の味噌汁などをたくさん飲むというスタイルが多いから、飯椀よりも汁椀の方がたっぷりしているというのもありだと思います。

本職を生かしたうつわ作り

赤木　これも、あとにある「ぬりものって何だろう」で詳しく触れますが、ぬりもの作りはもともとは分業制です。木の型を作る人、下地をつくる人、上塗りをする人といった役割があるのですが、中には自分のうつわを作っている職人さんもいます。たとえば西端《にしはた》良雄さんは椀木地師で、木地師の技術を生かしたうつわ作りをしています。うず文椀（23頁左上）の中の筋目なんかは、木地師じゃないとできない仕事。

高橋　陶器でもありますが、飛び鉋という技法ですね。ふだんポタージュなんかを合わせるの？

赤木　そうですね、気軽にスープとか、アイスクリームとか、ふつうに食べるものを盛っています。

高橋　漆にアイスクリームは気分的にちょっとどうかな（笑）。

赤木　いやいや、漆のうつわは、熱を伝えにくい、つまり熱いものは冷めないし、冷たいものは温《ぬる》くならない。アイスクリームは溶けにくい。漆の機能はこういうところにこそ発揮されるんです。

高橋　まあ、いくつか持っていると、洋服を選ぶ時みたいに、その日の気分でこのお椀にはこれを、というふうにうつわを変えられる面白さはありますね。所詮汁物なんて具が変わるくらいでそんなに見た目は変わりませんが、うつわを変えると楽しいし、目先が変わる。逆に、ふだんはかぼちゃのポタージュなんて作らない人が、このうつわがあるから作ってみようかなという気持ちになったりするから、うつわのおかげで暮らしが豊かになるというのはあります。

赤木　大宮静時《せいじ》さんの黒刳り貫き椀（22頁）も、大宮さんならではの技術が生きています。大宮さんは輪島の隣村、合鹿椀の故郷でもある旧柳田村（現・能登町）というところで欄間彫の仕事をしている人です。塗りはもともと素人ですが、福田敏雄さんに教わって自分でざっくりと漆をかけている。

高橋　今回はむかごご飯を入れていますが、こういう炊き込みご飯を入れたくなるような、ぬくもりがあります。この季節になるとこの人のうつわを使いたくなる、というのがありますが、大宮さんのはまさに冬のうつわ。テクスチャーがしみじみいいよね。ただ大宮さんのがテーブルいっぱいに並ぶとすこし息苦しいかもしれません。

赤木　鵜島《うしま》敬二さんは亡くなってしまった方ですが、うちの奥さんが研ぎもの学

［左］中野知昭

越前で生まれ育ち、いまも同地で活躍する若い作り手の一人。木地は欅で、下地はいわゆる本堅地（52頁参照）の、しっかりしたお椀。
端反大椀　高9.5　口径13.0　2万2000円

［右］鎌田克慈

乾漆はベースが木地ではなく布なので、形が自由に作れて驚くほど軽い。ふつう乾漆の型は石膏でつくるため再利用できないが、鎌田さんは型を木地で作って布を剝離する技術を考えだした。
汁椀（大）　高7.0　口径13.0　1万2000円

校に通っていた頃お世話になった先生で、その後も僕の工房で若い子たちに技術指導をしてくれた人です。輪島塗の伝統を受け継ぐ昔気質の下地職人なんですが、一方でとても頭の柔らかい人でもあった。下地というのは、うつわの形を整えるためにするもので、「輪島地の粉」（60頁参照）と漆を混ぜたパテ状の下地材を、丸いところは丸く、平たいところには平らに塗りつけていく作業。ただ、それは粘土のようなものだから、模様を作ることもできるんです。下地の跡が出るのは下手な仕事とされるんですが、鵜島さんはあえて下地の跡を残してうつわの表情にしていました。

高橋　鵜島さんのお椀をギャラリーで見たとき、やさしいうつわだなと思いました。ふだんに使いたいような。福田敏雄さんのも同じ。手に持ってやさしく、唇つけてホッと落ち着くという、日本人が親しんできた感触が得られるもの、そういううつわが私は好きです。まあただ唯一、角さんだけは別でしょうか。角さんの作品は、うつわであると同時に、芸術性というのか、なにかそれだけじゃない深みがある。

赤木　角さんのうつわは、美しいけれども厳しさもあるから使わないという人もいます。自分の好きをとことん追求していくとどこか普遍性に触れるところがあると思いますが、角さんはそこまで行けた人だと思うんです。当然厳しさがある。一方でそれとは別に、福田さんなんかはうつわとしての存在感とかいうものには全然興味がなくて、ただふつうに暮らしている人がふつうに気持ちよく使ってくれればそれでええやん、という感じです。考え方は全然違うけれど、どちらもおもしろい。角さんと一歳違いだった鵜島さんも「うるしはともだち」というのをキャッチフレーズにしていて、毎日の生活の中でこそ自分のお椀を使ってもらいたいと心から思っていたんです。

高橋　そうなんですか。たしかに実際作り手の方と会って話をすると、うつわから受ける印象どおりだったりします。ちょっと怖いですが、うつわに人柄が入ってくるというのは本当です。

これからの人

赤木　今までのは、僕が影響を受けたり、誠実で魅力的なうつわをつくっていると思っている人たちです。最後に新しい人も紹介させてください。中野知昭さんは腕のいい上塗職人さんで、越前で仕事をしている人。鎌田克慈くんは僕の弟子で、輪島の慣例どおり4年間修業をして、1年御礼奉公をして独立しました。今彼がやっているのは乾漆《かんしつ》。乾漆というのは技法的にはすごく手間暇がかかる仕事で、型を作って、型に漆で布を張り付けて、固まったところで型抜きをしてその布をボディとして使うというやり方です。

高橋　弟子時代から自分の作品を作ったりするものなんですか？

赤木　もちろん。だって独立したら自分のものを作らなきゃならない。肝心なのはいかに親方から離れるかということで、イメージ的にも僕に似てると思われないようにした方が得だよと言っています。

高橋　オリジナリティというのもむずかしいものです。人と違うのは基本だと思いますが、人と違ったものだけを探し求めると、とっても不思議なものができてきちゃったりする（笑）。うつわは毎日使うものなのに。

赤木　誰も見たことがないものを作る必要はないよね。僕は何が一番好きかということを探してほしいと思います。自分が好きなものを探すということは自分を見つけることだから。だからそれが漠然としていたら、とにかく古いものでも、人が作ったものでもいいから、自分はこれが好きだというものを見つけて形をもらい、テクスチャーに関しても、豆腐の腐ったテクスチャーでもいいし、山に生えてる苔のテクスチャーでもいいから、自分がこれって感じるものを上手に表現すればいいとずっと言い続けてきました。で、鎌田くんは素直だからそういうふうになった。いい親方だよね（笑）。

ぬりものの洗い方

ぬりものは自分の手と同じだと考えてください。油ものをいただいたあとは、もちろん洗剤を使ってかまいません。でも、手にもやさしい中性洗剤で。あまり洗剤を使いすぎると、手荒れをおこすように、漆にも潤いがなくなります。もちろんクレンザーなどの研磨粒子の入ったものはダメ。手をタワシで洗う人もいませんね。スポンジややわらかい布を使ってください。食器洗い機や乾燥機、電子レンジに入れるのも厳禁。基本は、丁寧にやさしく扱うことです。

1

ごちそうさま。汚れたうつわはなるべく早く洗いましょう。

2

最初にぬりものだけを洗う。ゴハンが固まってしまったときは、少々水に浸しておいても大丈夫。

3

「びわこふきん」という布で洗うのがお薦め。ぬるま湯で洗えば、洗剤を使わなくても油汚れが落ちる。

4

洗ったら、乾いた布で水気をしっかり拭き取る。これも手と同じです。

5

裏側は拭き忘れがちなところ。水気が残っていると水垢がたまって、隅が白くなるので注意します。

6

陶磁器は、ぬりものにキズを付けることがあるので、ぬりものを片付けてから洗います。

「びわこふきん」については、朝光テープ有限会社(www.biwakofukin.com)にお問い合せください。

塗師屋さんを訪ねる

塗師屋《ぬしや》は産地・輪島を支える重要な存在。各職人をとりまとめ、うつわの製作から販売までを指揮する漆のプロデューサー的な役割を果たしている。作り手と使い手をつなぐ仕事だけあって、うつわを見る目はたしかだし、使い方の提案もそれぞれに個性がある。

大正時代に建てられたという自宅兼仕事場の建物は、塗師屋の伝統的な造りになっている。長い土間の先には職人の仕事場がある。右側が住まい。

〈大崎漆器店〉
漆を使うということ

大崎漆器店は、幕末頃から塗師屋をはじめたという老舗の一軒。

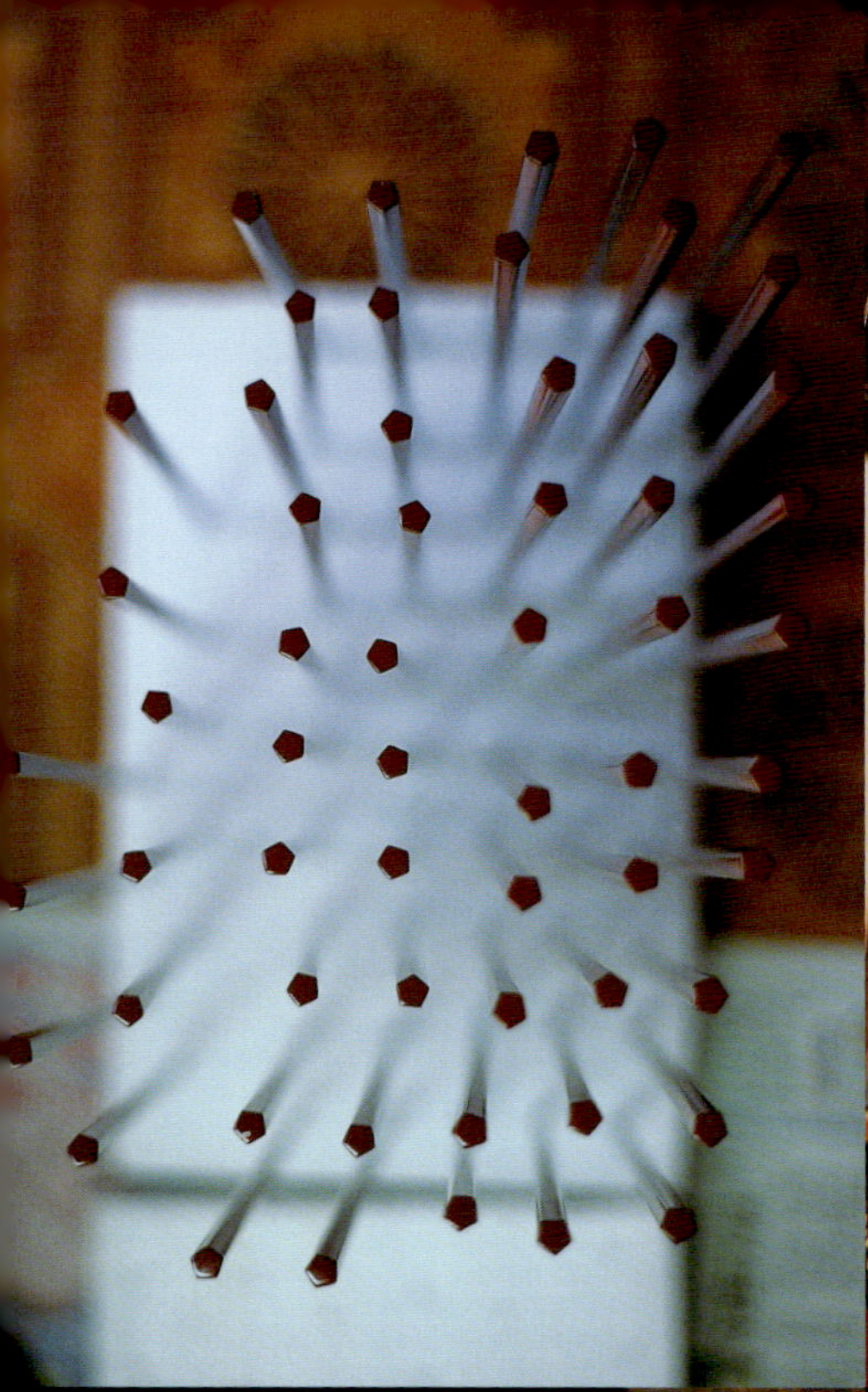

［右頁右上］ずいぶん年季が入った漆桶。

［右頁右下］塗師蔵の二階、埃が入らないようぴったりと閉じられたガラス窓の向こうでは、最後の仕上げ、上塗りがおこなわれている。

［右頁左2点］製作途中のお箸とお椀。

［上］下地職人の仕事場。暗くて長い土間の先は、意外にも坪庭のある明るい場所だった。

［下］ヘラで丁寧に下地付けをしていく。

塗師屋造り

高橋　このお宅は京都の古い町屋ふうの造りですが、町屋よりずっと深くて、天井も高いですね。

赤木　大正時代に建てたということでしたが、「住前職後」と言って、典型的な塗師屋造りのお宅です。玄関を入ると吹き抜けになった土間廊下がまっすぐ続いている。前の方には住まいがあって、奥の方の蔵に職人さんたちの仕事場がある。輪島の一番伝統的な部分が残っているお宅です。

高橋　蔵で仕事をするんですか？

赤木　正式には「塗師蔵《ぬしぐら》」と言うんですが、土蔵というのは温度と湿度が四季を通じて安定しているから、漆を乾かす条件がそろっているんです。一階には商品もしまってあるけれど、二階は完全に上塗りの場になっている。埃が上ってこないように階段の最上段のところにスライド式の扉があります。

大正モダン

赤木　大崎家には大正から昭和にかけての漆絵の菓子皿（34〜35頁）がたくさんありました。それから、お客さんに紹介するための見本用のお椀（左頁）もたくさん見せていただきました。高橋さんはこういう模様の入った加飾《かしょく》のうつわはどうですか？

高橋　自分で持っているうつわは無地のうつわが多いですが、やきものでもちょっと赤絵が入ったり、漆でもワンポイントで蒔絵が施されているのはいいなと思います。でもそれとは別に大崎さんの見本椀、これはほんとうにすばらしかった。あまりに美しくてびっくりしました。着物なんかもそうですが、このころの図柄って大胆でとても綺麗。これはほしい！

赤木　加飾は高台寺蒔絵が出来た中世とか、江戸時代とか、何回かピークがありますが、この大正から昭和にかけての時代もひとつのピークだったと思うんです。銀座でモボ、モガが流行っていた時代。そのセンスのよさは、伝統的な工芸の中にもきちんと入っていたと思います。

高橋　あきらかに現代とは違うデザインです。細密画のものも綺麗だし、デフォルメされたデザインのものも、本当に素敵。私は漆のものに新しさは求めていませんが、昔のモダン・デザインはいいなあと思います。作り手の人たちには、形でもデザインでも、今流行っているもの＝モダンというふうに勘違いして方向を誤ってほしくないなと思います。

赤木　今の加飾ものの大半は、妙にモダンなものと、あとは、伝統的なように見えてセンスのないピカピカのものが多い。

高橋　図案は誰が考えていたんですか？

赤木　お椀や絵皿の図案を描く専門の人がいて、蒔絵師さんや塗師屋さんに売っていたみたいです。

高橋　今でも描ける人はいるんだろうけれど、昔と同じようにはいかないでしょうね。当時は物も売れてある程度の量の仕事もあっただろうから、勢いも技術も

大崎家の食器箪笥から出てきた、大正モダンな漆器たち。
これらは古いものだけれど、まとまった数を注文すれば、
同じようなデザインで作ってもらえるそう。

蒔絵で描かれた菓子皿には、小さな菓子をちょんとのせると愛らしい。ガラスのうつわの受け皿として使うのは悦子夫人のアイデア。もてなしの気持ちが伝わるうつわの数々。

今とは違う。

赤木　そう、写しはね、一つ見本があれば同じものが作れるんだけれど、でも、それは一点だけ作っても出てこない魅力だよね。数をこなすことによって見えてくる世界があるんです。そのよさに気がついて、欲しいという人が増えれば、生き生きしたものが自然とよみがえってくると思う。

重箱への道のり

高橋　じつはこのごろになって、前はピカピカで近寄りがたいと思っていたものもいいなと感じるようになってきたんです。それは今までの積み重ねがあったから。十数年前に赤木さんの木綿の洗いざらしみたいなお椀に出会って、それから

ふだん使い用の丸重。家族が集まるときや、職人さんたちにちょっと食事をというときには、こんなふうに丸重を使う。蓋もうつわのひとつです。

たくさん漆を見て使って、やっとここまで来ました。

赤木　そうですね。感覚的にも金銭的にも急にそこへ行くのはむずかしいと思います。それはまさに僕がこの本で伝えたいこと。僕が「ぬりもの」と「漆器」をわけて考えるのもそのためで、「ぬりもの」はふだん使いのうつわで漆の入り口。「漆器」は特別な日に使うもので、もうちょっと奥にある。どっちがいいとかではなくて、その両方があるから漆は深い。バブルの時期は、いきなり「漆器」の世界に入っていって金に飽かして買ってた人はたくさんいましたが、今は日本も成熟している時代だから、そんなふうに手順を追ってやっていくといいんじゃないかな。作り手としての僕も同じで、今まではどちらかというと「ぬりもの」を作ってきましたが、これから「漆器」の方向にも行きたいと思っています。

　重箱はどうですか？

高橋　その流れで言うと、今回、奥様の悦子さんの丸重の使い方を見て、人生ではじめて重箱がほしいと思いました。それも今の話と同じなんだろうと思うんです。いきなりピカピカの蒔絵の重箱はほしくならないし、丸重から入ってふだんに使って、そうしたら、今までは全然興味がなかったけれど、いつかちゃんとしたお重でお節料理をつくりたいなと思うようになるかもしれない。悦子さんのおかげで重箱人生の出発点にようやく立てました。

赤木　重箱というとどうしてもお正月に使う特別なものというイメージがあるけれど、それを覆してくれたよね。

高橋　本当に目から鱗が落ちました。悦

誰もが驚いた「重箱に〆鯖」。悦子さん曰く、「ずっと使っているけれど、全然大丈夫」。でもくれぐれも、買ったばかりの漆ではやらないでください。

ご主人・大崎庄右ェ門さん会心の、魯山人を写した大皿。漆には刺身や鮨がよく似合う。

子さんが四角い重箱だと角が当たるので気を遣うんだけれど、丸いのはすごく気楽に使えるっておっしゃっていて。たしかに丸い形からくるホッとする感じもあるし、洗うときも角がないほうがラク。私も仕事で使ったことはありましたが、実際にこうやって使っている人がいて、お惣菜を鍋やまな板からざーっと盛っているのを見たら、肩の力が抜けました。

大崎漆器店の魅力

高橋　大崎さんのところの漆の使い方は本当に勉強になった。もったいないから無理に使うというのではなくて、あるから自然に使うというか、躊躇なく使っているのがとても魅力的でした。漆が好きで好きでたまらないという感じ。

赤木　僕も驚いたんですが、〆鯖を作るのに漆のお重（右頁）をタッパー代わりに使って冷蔵庫に入れちゃうんですよ。漆って酢とかアルカリとか化学変化に弱いイメージがあるけれど、じつは大丈夫なんだなって。僕はあの、台所にあるプラスチックの保存容器がイヤでイヤでしょうがない。かつては切溜《きりだめ》とか、重箱を使っていたはずなのに。これは科学的に証明されていることですが、漆のうつわとプラスチックのうつわに食べ物を入れて、腐敗していく速度を測定すると、漆のほうが雑菌の繁殖が少ないんです。つまり腐りにくい。

高橋　でも、ぬりものを冷蔵庫に入れても大丈夫なんですか？

赤木　全部が全部大丈夫とは言い切れません。大崎さんのところにあるのはきちんと輪島塗の下地がしてあるもので、時間も経っていて十分乾燥しているから平気なんだと思います。

高橋　なるほど。実際に漆のうつわで〆鯖を作りましょうということではなくて、その姿勢を学びたいということですね。

赤木　釜あげうどんが入っているのも本来は捏《こ》ね鉢なんですが、大崎家ではこういうふうにも使うそう。

高橋　私は一つの方法論でしか使えない

熱々の釜あげうどんも、漆のうつわで大丈夫。保温力も抜群です。天ぷらを盛ることもあるとか。

上塗の下に文字が透けて見える、
凝った意匠のお盆。

ものが苦手。東京の住宅事情もありますが、一つのうつわが多用出来ると嬉しいなと。この捏ね鉢もうつわとしてだけ使おうと持っていたら邪魔だろうけれど、捏ね鉢としてはもちろん、うつわとしてもいろんな食べ物に無理なく使えるんじゃないかな。鍋物の野菜とか具を入れて使ってもよさそうです。

赤木　漆器産業全体は衰退していると言われていますが、輪島にはこれだけのものがちゃんと残っていて、こういうふうに使い続けている人がいる。この土地でぬりものを作る人間としてとても心強い気がしました。美しいものであり、実用的なものというのは、昔からのものの中にたくさんあるんです。

高橋　使い手にとっても作り手にとっても、ここには漆の未来のヒントがあると思います。

〈蔦屋漆器店〉
ジャズの流れる塗師屋

朝市通りの南側、漆関係の職人さんがたくさん住む街の一角に、蔦屋さんがあります。ここも、創業は幕末という老舗。外観こそ輪島伝統の档《あて》（ヒノキアスナロ）の下目張りですが、一歩中に入ると、都会のギャラリーのような、おしゃれな空間が広がっています。古くからの顧客にはお寺が多いそうです。伝統的な仏具などの什器をつくる一方で、現代の食事にも合った漆の使い方を提案しています。今回紹介していただいたのはパスタとサンドイッチですが、こういう感じを求めている人も多いのではないかと僕は思います。特に、漆の重箱にサンドイッチを入れておくと、乾いてパサパサになることがないのでお薦めです。「ぬりもの」の用途を和のうつわに限定しないで、その幅を広げていくのも楽しいのではないでしょうか。八角重も四方《よほう》鉢もデザインに工夫があって、加飾のない無地の仕上げです。たとえば、コンクリート打ち放しのような現代的な空間にも合うだろうし、ちょっとしたお客さんの時も、もてなし感が演出できそうです。

輪島には彩漆会という、漆器業関係の奥さんが集まったグループがあって、女性の視点でうつわのデザインや使い方を提案しています。大崎悦子さんや、この蔦屋の奥さんの大工佳子さんもそのメンバー。何年か前に高橋さんを招いてテーブルコーディネートの勉強会をしたこともありました。これまで男性中心の感があった輪島の塗師文化に新たな一石を投じることになるかもしれません。

蔦屋さんの家では、重箱を洋風のおもてなしに使ったり、ふだんの食卓で唐揚げや炒めものを入れたりしている。
［左頁上］四方鉢（大）　辺25・0　高7・5　8万円
［左頁下］八角重（小）　長30・5　23万円

〈輪島キリモト〉
木地屋が発想するぬりもの

[上] わいち通りに面するギャラリーわいち。
[下] 小福皿（中・ベンガラ） 径19.6 2万3000円

桐本泰一さんは、本来は大勢の木地職人を抱える木地屋の親方ですが、自分でデザインしたオリジナルのうつわを作って積極的に活動しています。木地屋が発想する新しい「ぬりもの」ですね。バブルが終わって漆器が売れなくなり、塗師屋さんが何を作っていいかわからなくなった時代に、一生懸命漆の宣伝マンとして、漆の良さや扱い方を語り続けてきた人で、その情熱は見習いたい。このカレー皿を説明してくれたときの桐本さんの熱意もすごかった。このお皿は、漆を塗った上に「輪島地の粉」を蒔いて定着させる蒔地という技法で表面を堅く仕上げてあります。金属のスプーンがあたっても傷つかず丈夫です。桐本さんが実際にスプーンでがりがりやりはじめたときは、僕も高橋さんもちょっとびっくりしましたが。

輪島にある「ギャラリーわいち」の代表が桐本さんです。僕も参加していますが、このギャラリーは木地師、蒔絵師、塗師など9人が出資をして、共同で経営しています。ふだんは、メンバーの作品を常設して全国に漆の情報を発信しています。ときには輪島以外の作り手の個展を開いて、刺激をもらったりもします。「器から街づくりへ」をキャッチフレーズにして、うつわを作るという営みを、産地としての輪島全体を考えるところまで広げていこうとしているのです。輪島を訪ねる機会がありましたら、ぜひお立ち寄りください。

大好物のカレーを漆で食べたい!　と桐本さんが
考案したお皿。表面が堅いので金属のスプーンも、
香辛料の強いにおいも大丈夫。
小福皿（大・黒）　径23.4　4万2000円

講座

ぬりものって何だろう

文……赤木明登
イラスト……大橋歩

ハレの日の漆器

まいにちつかうぬりもの

「漆器」と「ぬりもの」

「漆の器を毎日使いましょう」と言われても、すぐに「はい！そうですか」とならないのが普通ですよね。それにはいろいろな理由があります。まず、お値段が高そう。それから、扱いがたいへんで、めんどうな気がする。さらには、すぐにはげたり、こわれたり、キズついたりするんじゃないかという心配もある。

なるほどそれらは、確かに漆の器の一面でもありますが、勘ちがいもかなり含まれているようです。そこで、漆について正しく理解していただくために、僕は、漆の器をひとくくりにせず、二つに分けて考えてみることにしました。「漆器」と「ぬりもの」です。

ふつう私たちが漆と聞いて思い浮かべるのは、お正月や婚礼のときなど、特別な日に使われるピカピカ光っていて、金で模様が描いてあるような器かもしれません。そういうものを、とりあえず「漆器」と呼んでみることにします。そして、よくまわりを見てみると、そんな「漆器」とはまるで別物のような漆の器が、私たちの日常にあることに気がつくはず。たとえば、今日の朝ごはんをいただいたときに、おみそ汁の入っていたお椀。けっして豪華でも、派手でもないけれど、毎日の暮らしの中で活躍している働き者、それを「ぬりもの」と呼びたいと思います。

「漆器」は、特別な日に、お座敷に飾られます。「ぬりもの」は、毎日、お勝手で使われています。「漆器」は、どちらかというと見せるために作られたもの。「ぬりもの」は、使うために作られます。ですから、当然ながら漆の塗り方も違ってきます。日々の暮らしの中で、少々手荒に使っても平然としている。丈夫さが「ぬりもの」の身上です。

「漆器」と「ぬりもの」の関係はたとえば、「玉露」と「番茶」の関係に似ています。ふだんに緑茶を全く飲まない人が、いきなり最高級の玉露をいただいても、そのほんとうの旨味、奥深さは理解できないかもしれませんね。毎日番茶をたくさんいただいていて、特別なときにだけ、玉露を楽しむ。すると初めてその奥行きが理解できるのではないでしょうか。つまり「ぬりもの」は、漆の器の世界の入り口、そのすそ野を広げるような役割をしているのです。もちろん、番茶ですから、値段もそんなに高いものではありません。お椀なら、一万円前後でまず手に入れることができるはず。「そんなに高いの？」と思いますか。でも、これからの解説を読めば、その値段に見合った、値打ちがあることがわかってもらえると思います。

ぬりものの三要素

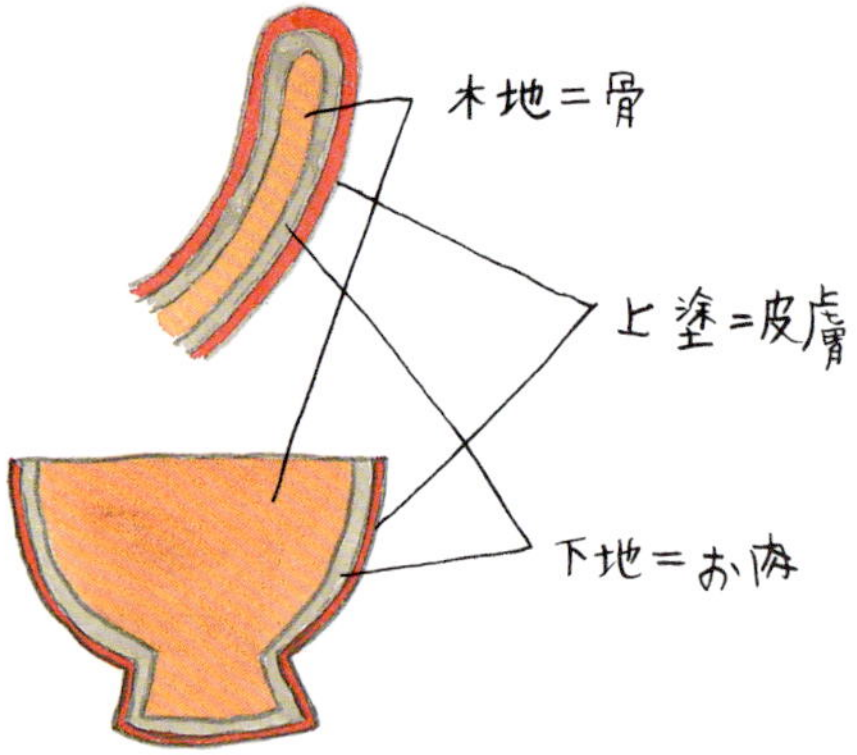
木地＝骨
上塗＝皮膚
下地＝お肉

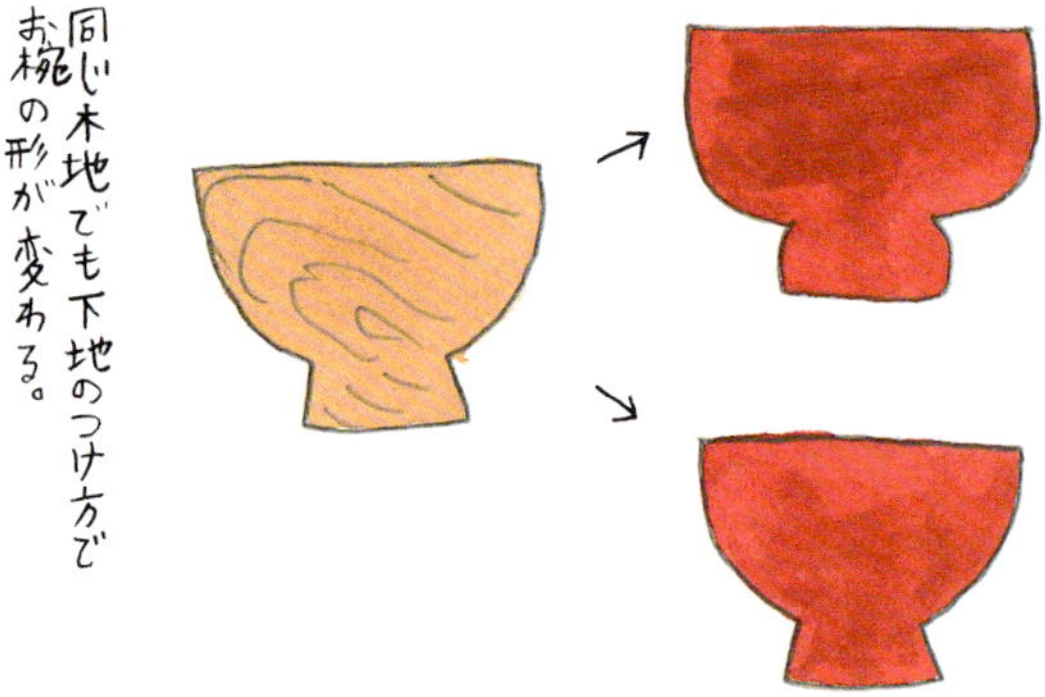
同じ木地でも下地のつけ方で
お椀の形が変わる。

お肉のつき方で
太ったりやせたりするのと
同じみたい。

さて、丈夫な「ぬりもの」ですが、どのようにして作られているのでしょう。漆塗りの工程を説明する前に、まず「ぬりもの」の構造が、三つの要素からできていることを理解してもらわなくてはなりません。

もちろん表面には、独特の光沢があって、手触りのよい漆が塗られているはずです。漆は、漆の木の樹液を加工したもの。漆の木は、日本の野山に行くと、どこでも目にすることのできる広葉樹です。皮膚が直接この樹液に触れると、ひどい炎症を引き起こすので、カブレの木とも呼ばれていますね。その幹にキズを付けると、樹液が滲み出し、やがて固まって傷口を塞いでしまいます。人間の血液が固まって、カサブタになるのと似た、この樹液の性質を塗料として利用しているのです。私たちが「ぬりもの」を手にしたときに触れるのは、表面に塗られた薄い漆の膜で、それを「上塗」と言います。

漆の器は、もちろん木の器でもあります。ですから、その芯は、木でできています。これを「木地」と言います。つまり木で形を作った器の表面に漆を塗ったものが「ぬりもの」です。あたりまえのように思われるかもしれませんが、そうでないものもあるので注意が必要です。たとえば、表面は漆でも、中身はプラスチックだったり、おがくずなどを樹脂で固めて成形したものだったり。

さて、実は「ぬりもの」にはもう一つの要素が残っています。「下地」です。これを説明するのがいちばん難しい。まず木に漆を塗るところをイメージしてみてください。木の形があって、その形の表面をなぞるように、液体の塗料を刷毛か何かで塗っていく、そんな感じでしょうか。ところが、漆を塗る仕事の大部分は、そんなペンキを塗るようなイメージとはぜんぜん違うのです。「下地」も塗りの工程の一部分ですが、ここでは器の形を作る造形的な仕事をします。そのために、漆に土の粉などを混ぜて、パテ状のものを作り、木のヘラを使って、壁を塗るように厚くつけていく。まさに、土壁を塗る左官屋さんのような仕事です。下地塗りの厚さ、付け方によって、器の形が変わるのです。

「ぬりもの」の三要素を人間の身体にたとえるとわかりやすいかもしれません。「上塗」は、表面の皮膚。「木地」は、骨格です。そして「下地」は、筋肉や脂肪などです。同じ骨格でも、お肉の付き方で太ったり痩せたり、見え方もずいぶん違うものです。

木地の仕事

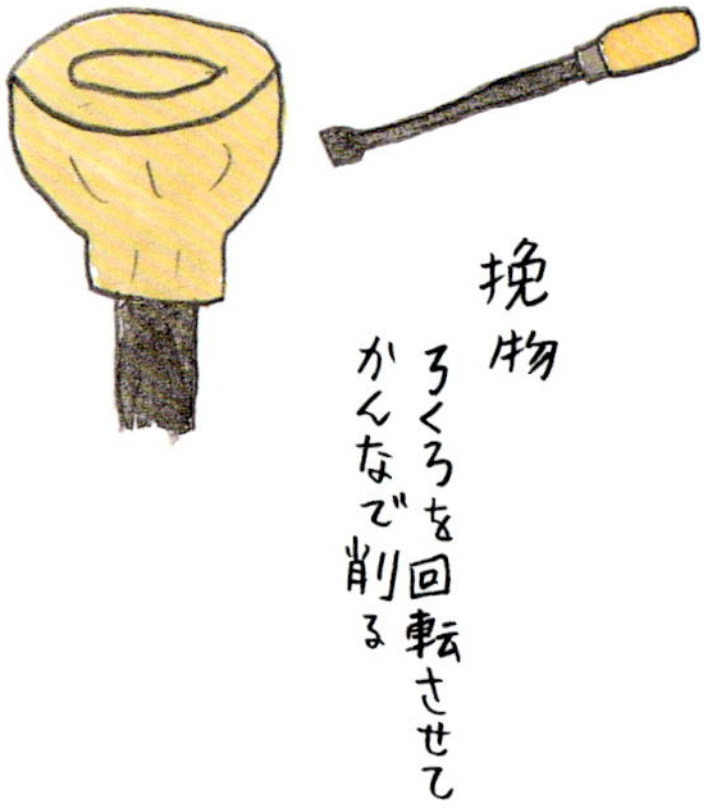
挽物
ろくろを回転させて
かんなで削る

刳物
木のかたまりから
刳りぬいてつくる

分業化の進んだ漆の産地では、「ぬりもの」の骨格になる木地を作るのは、木地師という専門の職人さんたちです。輪島には木地の種類ごとに四種類の職人さんがいます。それぞれ見ていきましょう。

挽物《ひきもの》

○椀木地師

材料を轆轤に固定し回転させ、刃物をあてて、器の形を削り出す仕事。椀・鉢・皿・茶托などの丸い器の木地を作ります。刃物を職人さんが手に持って挽くのが、手挽き轆轤。刃物も機械に固定されていて、ゲージに沿って動かすのが旋盤轆轤です。輪島では、主に欅を材料に使います。その他に、銀杏、山桜なども使われているようです。

刳物《くりもの》

○朴《ほお》木地師

ノミやカンナを使って、材料を刳り抜いて形を作る仕事。轆轤を使う成形とちがい、匙や杓子、片口の口の部分、猫足、鷺足と呼ばれる曲線的な家具の脚など、どんな形でも作ることができます。輪島では、主に朴の木を材料に使う

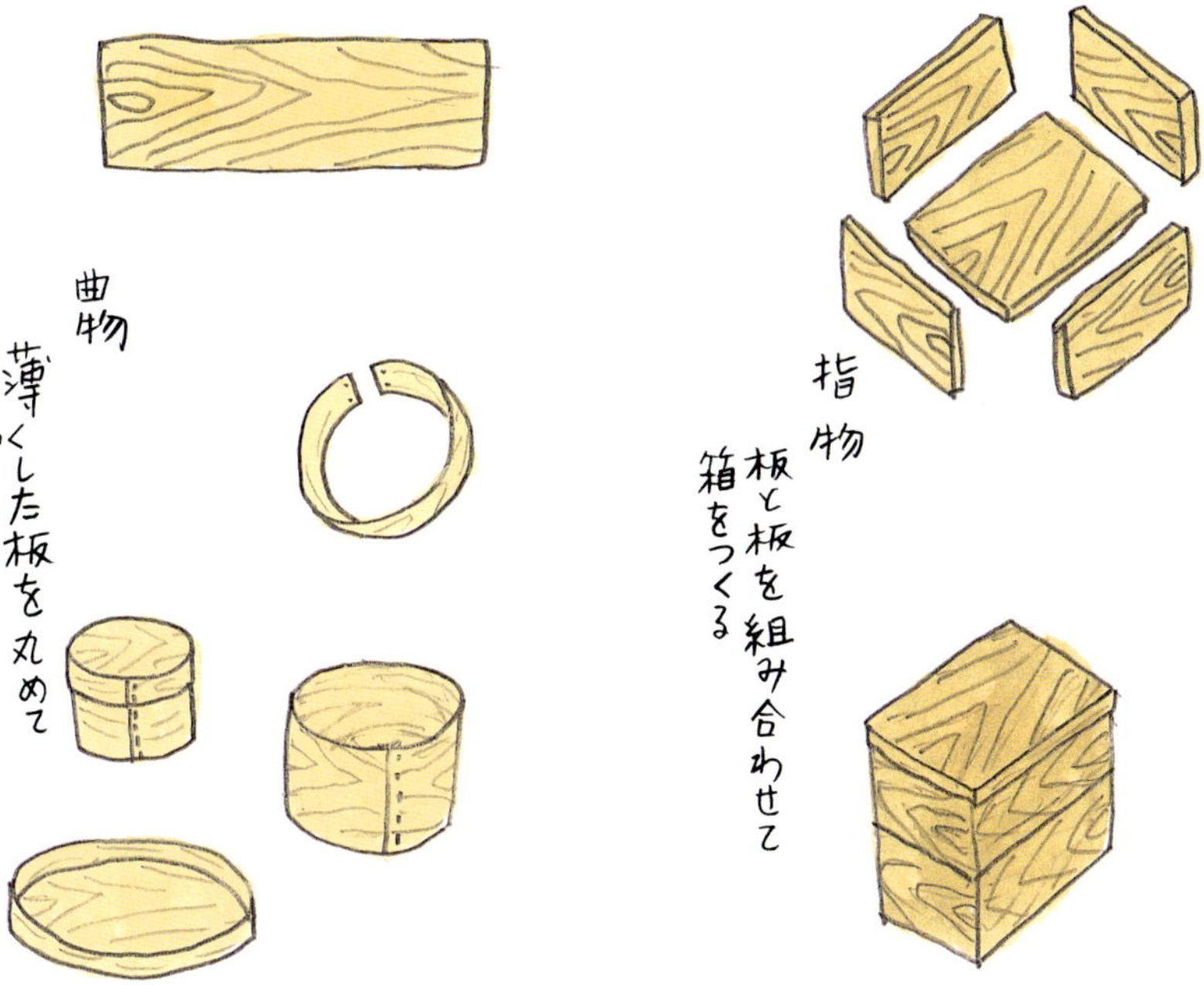
指物
板と板を組み合わせて
箱をつくる
曲物
薄くした板を丸めて
輪っぱをつくる

ので、刳物屋のことを朴木地屋とも呼びます。
他に、アガチス、桂などを使用。

指物《さしもの》　○指物師

材料を板状に加工して組み合わせ、形を作る仕事。重箱、弁当箱、膳などの箱物、棚や座卓などの家具も作ります。漆を塗ってしまうと見えませんが、板と板を組み合わせるときの接手《つぎて》、組手の技術が本領です。輪島では、档《あて》（ヒノキアスナロ）と呼ばれる針葉樹を材料にします。他に、ヒバなど。最近は、代用品として合板を使うことも多いようです。

曲物《まげもの》　○曲物師

丸重箱、丸盆、櫃《ひつ》などが曲物の仕事。木の繊維に沿って割った材料にカンナをかけ薄い板状にして、型に押し当て、丸めて、底板を入れると、ワッパ状の器が出来上がります。丸弁当箱や、型の形を調整すれば、楕円形の器も作ることができます。この材料も、能登産の档が基本です。曲物も、最近は底板に合板を使うことが多くなりました。

下地の仕事

ここからは、実際の工程をご紹介します。こんな面倒なことをやっているのかと、驚かれるに違いありません。この工程は、石川県輪島市で作られている、いわゆる「輪島塗」の基本的なやり方で、専門的には「本堅地《ほんかたじ》塗《ぬり》」と言いますが、でも、それは決まりきったものではありません。産地ごと、職人さんごとに、やり方が微妙に違うのが手工芸の面白いところです。

❶切目《きれめ》彫り → 刻苧《こくそ》

天然の木でできた木地には、ところどころ割れや小さな穴があります。その部分を小刀で彫って取ります。欅の木くずを粉末にしたもの、米糊と生漆を混ぜた刻苧漆というものを、切目彫りをした部分につめて木地の弱点を補強します。

❷刻苧磨き → 木《き》地拵《じごしら》え

刻苧した部分を磨いて、表面を平らにします。木地全体も磨き、表面を整えます。

❸木地固め

全体に生漆を塗ります。生漆は、漆の樹液から不純物を取り除いたもの。漆が内部まで浸透し、木地が丈夫になります。

❹木地磨き

木地の表面全体を磨きます。木地固めのムラなどを取り除くとともに、つぎの工程で塗る漆のくい付きをよくします。

❺布着せ

上縁や高台（糸輪）など、欠けやすい場所を補強するために、麻、綿などの布を、米糊と漆を混ぜたもので張りつけます。ここでは漆が接着剤として使われています。布を張っている部分と、張っていない部分には、わずかな段差ができます。

❻布削り

小刀で布の端を斜めに削り落とし、段差をなくします。

❼惣身《そうみ》付《づ》け

次に、布を張っていない部分全体に、ヘラで惣身漆を塗りつけ、完全に布との段差をなくします。惣身漆とは欅の粉末を炭化させた惣身粉というものを、米糊と生漆を混ぜ合わせたものに入れて、パテ状にしたものです。布着せと惣身付けには、木痩せ（器の表面に木目が浮き出てくること）を防ぐ目的もあります。

❽惣身研ぎ

再び表面を平らにします。作業としては「磨き」と同じですが、「研ぎ」には形を整えるという意味があるようです。

⑨ **一辺地《いっぺんじ》付け**

さて、ここからが地付けという作業です。下地塗りと研ぎを繰り返すことによって、器の美しい曲線や、キリッとした直線を作り上げていきます。まず珪藻土《けいそうど》を低温で焼き締めにしたものを、砕いて粉にします。これが「輪島地の粉」と呼ばれる材料。地の粉を米糊と生漆を混ぜたものに入れて、パテ状の一辺地漆を作ります。これを器全体に厚く、均一に塗ります。

⑩ **一辺地の空研ぎ**

全体を空研ぎします。「塗り」だけでなく、「研ぎ」も形を作っていくうえで大切な仕事です。

⑪ **二辺地付け** → ⑫ **二辺地の空研ぎ**

基本的には一辺地付けと同じ作業です。地の粉の粒子が、一辺地のものより細かくなります。同じように空研ぎもします。

⑬ **三辺地付け** → ⑭ **三辺地の空研ぎ**

二辺地よりも、さらにキメの細かい地の粉を使います。

⑮ **四辺地付け**

さらに地の粉が細かくなります。

⑯ **地研ぎ**

造形の最終仕上げです。丁寧に水研ぎし、形を決めます。

⑰ **中塗り**

荒味《あらみ》漆（不純物を取り除く前の漆の原液）を加熱精製した中塗り漆を器全体に均一に塗ります。中塗りをすることによって、あとの上塗りで厚く漆を塗ることができるようになるのです。

⑱ **拵《こしら》えもの研ぎ**

中塗りの薄い膜を研ぎ破らないように、表面をていねいに研いで、刷毛ムラなどを整えます。

⑲ **拾い錆《さび》** → ⑳ **錆研ぎ**

砥の粉と生漆を混ぜて、パテ状の錆漆というものを作ります。低く窪んでいる部分、形の整わない部分に補足的にヘラ付けします。固まったら、その部分だけ砥石で研いで形を整えます。

㉑ **小《こ》中塗《なかぬ》り** → ㉒ **小中塗り研ぎ**

もう一度中塗りをし、最後の研ぎをします。

㉓ **拭き上げ**

器の表面に付着している汚れ、ホコリなどを完全に取り除きます。少しでも汚れが残っていると、上塗りがきれいに仕上がりません。ここまでが下地の仕事です。

㉔ **上塗り**

最終の仕上げ塗りです。

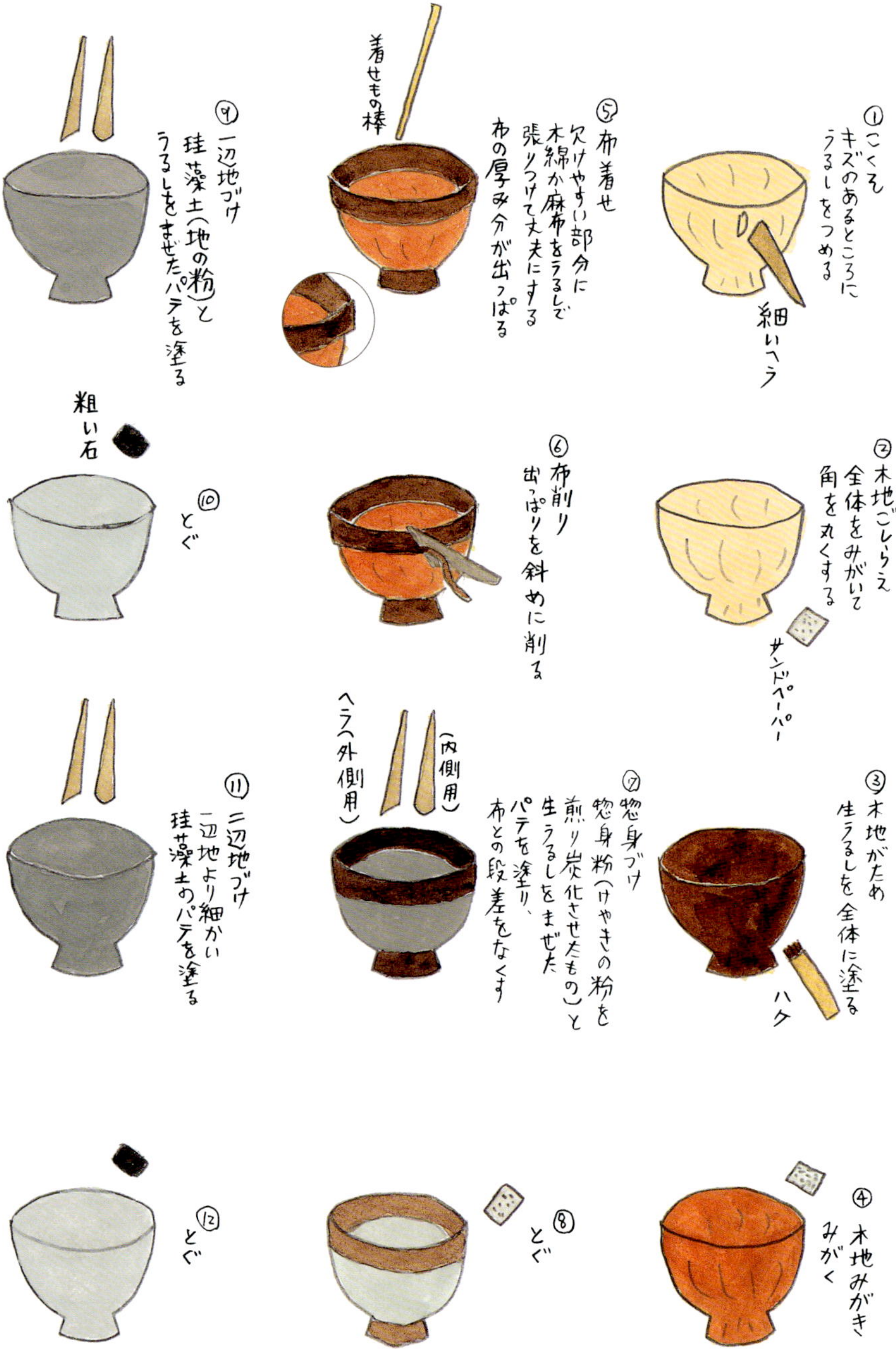

①こくそ
キズのあるところに
うるしをつめる
細いヘラ
②木地ごしらえ
全体をみがいて
角を丸くする
サンドペーパー
③木地がため
生うるしを全体に塗る
ハケ
④木地みがき
みがく
⑤布着せ
欠けやすい部分に
木綿か麻布をうるしで
張りつけて丈夫にする
布の厚み分が出っぱる
着せもの棒
⑥布削り
出っぱりを斜めに削る
⑦惣身づけ
惣身粉（けやきの粉を
煎り炭化させたもの）と
生うるしをまぜた
パテを塗り、
布との段差をなくす
ヘラ（外側用）
（内側用）
⑧とぐ
⑨一辺地づけ
珪藻土（地の粉）と
うるしをまぜたパテを塗る
⑩とぐ
粗い石
⑪二辺地づけ
一辺地より細かい
珪藻土のパテを塗る
⑫とぐ

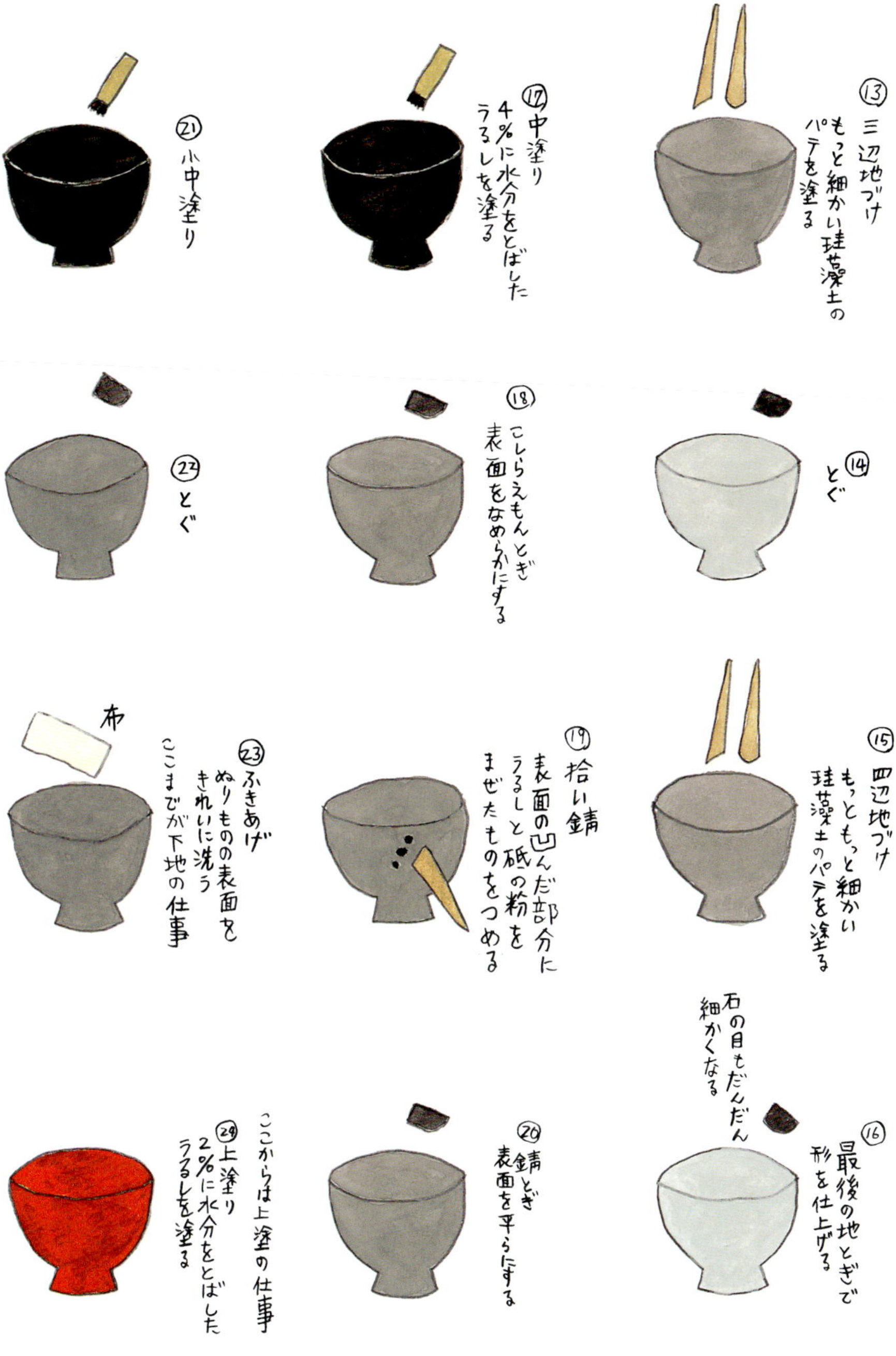
⑬三辺地づけ
もっと細かい珪藻土の
パテを塗る
⑭とぐ
⑮四辺地づけ
もっともっと細かい
珪藻土のパテを塗る
石の目もだんだん
細かくなる
⑯最後の地とぎで
形を仕上げる
⑰中塗り
4%に水分をとばした
うるしを塗る
⑱こしらえもんとぎ
表面をなめらかにする
⑲拾い錆
表面の凹んだ部分に
うるしと砥の粉を
まぜたものをつめる
⑳錆とぎ
表面を平らにする
㉑小中塗り
㉒とぐ
布
㉓ふきあげ
ぬりものの表面を
きれいに洗う
ここまでが下地の仕事
㉔上塗り
2%に水分をとばした
うるしを塗る
ここからは上塗の仕事

塗師屋と作家と職人と

ここで、漆の器がどのような流れで作られていくのかを見てみましょう。輪島では、「塗師屋」さんが主に製造の要となる役割を担っています。堅牢な輪島塗は、江戸時代にはブランドとして確立し、全国に顧客を持っていました。その顧客を行商してまわり、注文を受け、輪島に帰って、職人さんをとりまとめ製作を指揮するのが、塗師屋の親方です。各地の良家に出入りすることのできた塗師屋の親方は、当時の流行や、洗練された文化を身につけて帰ります。能登半島の先端という僻地にありながら、垢抜けた器を作り続けてこられたのは、優れた塗師屋さんのプロデュース能力ゆえなのです。近代になり、流通制度が発達すると、一部の塗師屋さんは企業化し、製造した漆器をデパートなどの小売店に卸す問屋さんになりました。

また個人の立場で、作品作りをする芸術家も登場しました。その多くは、蒔絵《まきえ》や沈金《ちんきん》など加飾の職人さんですが、自らの意匠と技術を磨き上げ、公募展に応募して受賞を重ねて、やがて漆芸作家として認められるようになります。しかし、漆芸作家も、本来は工程の一部を担う職人の一人です。したがって、自分の専門以外の工程は、他の職人さんに注文して製作をしているのです。漆芸作家の作品も、個人の名前を看板のようにしながら、塗師屋さんを中心にした販売システムに組み込まれてきました。

そして、高度経済成長期から、バブルの時代にかけて、輪島塗は高級漆器として売上を伸ばしました。ただ、作れば何でも高く売れた時代に、多くの塗師屋さんは漆本来のニーズ、つまり「使う」ということを見失っていったように思います。バブルの崩壊とともに市場が急速に縮小すると、漆器が売れない、何を作っていいかわからないという時代がやってきます。

そんな産地のあえぎの中から、新しい作り手たちが生まれてきたのです。「ぬりもの」を作る人たちです。彼らは、漆の器を「使う」という原点に戻ろうとしているように見えます。みな、もともとは木地師だったり、下地職人だったりと、さまざまな工程を担う職人さん。漆という素材に対する愛情に溢れ、何のために作るのかという目的と、美しく良いものを作ろうという意志を持ち、担うべき工程では自らの手を動かす。漆芸作家の場合は、作品が芸術的な自己表現の手段だったり、技術的なオリジナリティ＝起源が、作家自身に帰属していることが重要です。一方、職人は自己表現を目的として物作りをしませんし、技術も意匠もその起源は、作り手個人にあるのではなく、人間の暮らし、日々の営みの中にあるのではないでしょうか。

そんな彼らを、なんと呼べばいいのでしょうか。イギリスの陶芸家バーナード・リーチはアーティスト・クラフトマンと呼

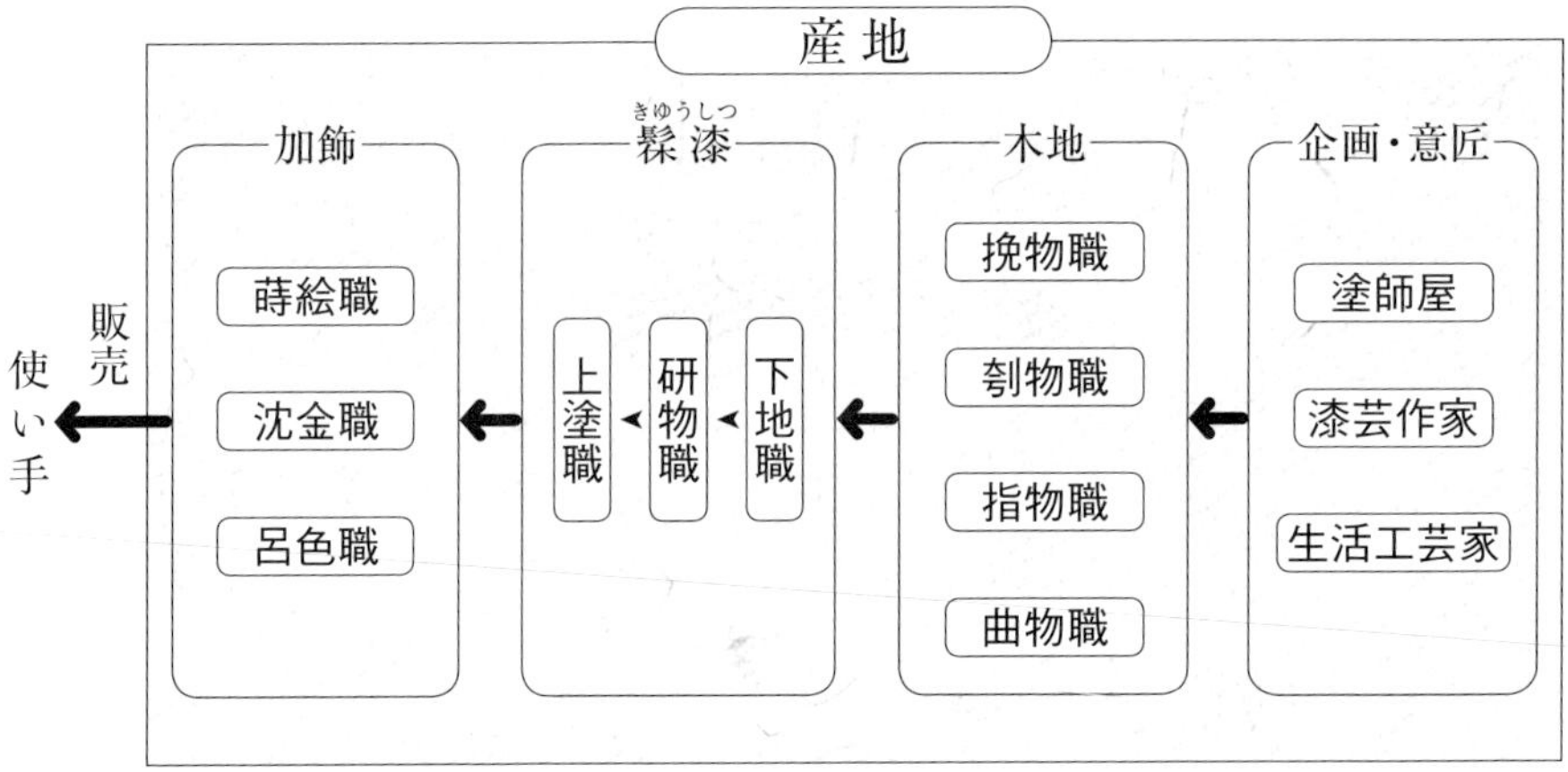

分業のしくみ

び、柳宗悦が「作家職人」もしくは「個人作家」と翻訳しています。ただ、柳らが提唱した民藝作品は、重く強く懐古的で、現代生活の現実からは遠いもののような気もします。そこで、用を離れた「美術工芸家（漆芸作家）」に対して、現代風の美しい生活道具の作り手を「生活工芸家」と呼んでみるのはいかがでしょうか。また、同じく民藝的な「無名の工人」という言い方もありますが、僕は、職人であればこそ、自分の名前を出して誠実な仕事をするべきだと思うのです。

一方、そのような状況の中で、少なからぬ塗師屋さんが、良心的で地道な仕事をこつこつとつづけてきました。今もお客さんと直接対面しながら、必要なぬりものを作り続けているのです。実用の器としての輪島塗本来の姿が、そこには残っているのではないでしょうか。このように考えると、「塗師屋」さんと僕のような「生活工芸家」の間には垣根もなくなりますね。ただそれぞれのやり方で、よい「ぬりもの」を作り続ければよいのです。そこが輪島という産地の奥深いところだと思います。

さて、上の図をご覧ください。大きな枠が産地を表しています。矢印は、「ぬりもの」の動きを示しています。一つの「ぬりもの」を作るのにも、工程ごとに職種が分かれ、分業している様子が一目でわかると思います。そして、この産地を構成しているすべての人が、分業システム全体を動かすプロデューサー的な役割をすることもできるのです。

上塗の仕事

クダと呼ばれる持ち手を
とりつけて全体を厚く塗る

塗ったうるしが流れ落ちないよう
お椀を回転させながら乾かす

さて、最後の仕上げ、上塗りです。ここで漆を一度に厚く塗ることによって、漆独特のふくよかでリッチなテクスチャーが生み出されるのですが、漆を厚く塗るためには、クロメという作業をしなければなりません。

本来漆の樹液は乳白色で、そのまま固まるとまっ黒い塊となってしまいます。ところが、その樹液を加熱し、精製加工すると茶褐色半透明の塗料になります。その加工のことをクロメというのですが、こうすると漆の乾く速度も遅くなり、一度に厚く塗ることができるようになるのです。なんとクロメは縄文時代から行われていたということです。

漆は液体ですから、塗ったあと固まるまでのあいだ、そのまま置いておくと流れ落ちてドロップ（垂れ）ができてしまいます。それを防ぐのが上塗りの工夫の一つで、輪島では「クダ」（ツク）と呼ばれる持ち手に器を固定し、乾燥用の風呂の中で、回転させながら、固化するのを待ちます。その間に、一粒でもホコリがくっつくと、きれいに仕上がりません。最大限の神経を使う作業です。

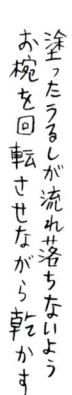

加飾の仕事

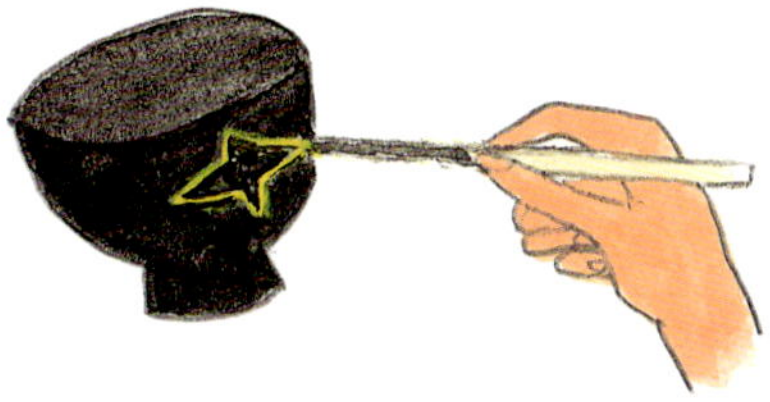
沈金
小さなノミで彫った
線に金を埋めこみ、
模様をつくる

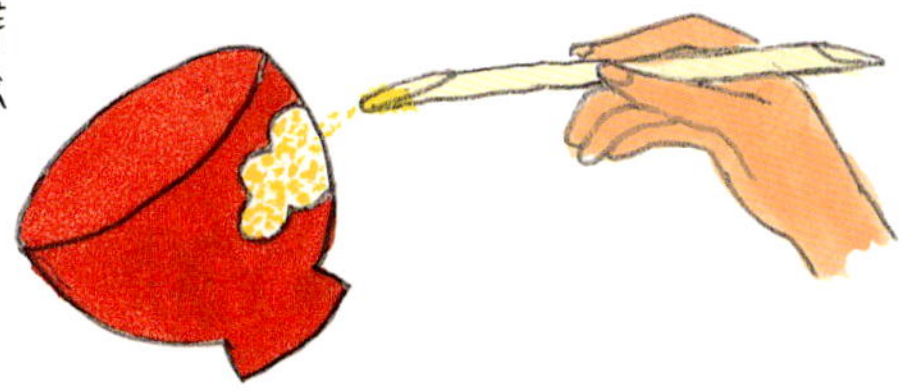
蒔絵
金粉や銀粉をうるしで
くっつけて、模様を描く

上塗りをしたままの無地の状態を「塗立《ぬりたて》」と言います。上塗が皮膚だとすると、スッピンということですね。皮膚の上にするお化粧が、「加飾」です。加飾にはさまざまな技法がありますが、輪島でよく行われるのは、呂《ろ》色《いろ》、蒔絵、沈金の三つです。それぞれに専門の職人さんがいます。呂色師は、上塗をさらに研いで、艶のある呂色漆を塗り、てのひらを使ってていねいに磨き上げ、鏡のように光る表面を作る職人さんです。蒔絵師は、金や銀の粉を蒔き、漆の接着力で定着させて模様を描きます。沈金師は、小さなノミを使って、上塗の表面を彫り、そこに金を沈めて模様を作ります。

毎日使う「ぬりもの」といえども、いつもスッピンというわけにはいきません。華美な加飾は、使用に神経を使わなければならないので、どちらかというと「漆器」向きですが、気の利いた、ちょっとした薄化粧は、日々のうるおいになるのではないでしょうか。

「輪島地の粉」の秘密

さて、ここまでは漆の産地・輪島のもの作りを中心に漆の器ができあがっていくプロセスを見てきました。漆というのが何か、少しわかっていただけたのではないでしょうか。では、「輪島塗」というのは、いったい何なのでしょう。「漆というと、よく名前が出てくる」、「高級そうで、高価なイメージがある」、「豪華な蒔絵などの模様が付いている」。いろいろと思い浮かぶけれど、では、京塗や会津塗、越前塗といったその他の産地といったい何が違うのか、よくわからないのではないでしょうか。そろそろ、お答えしておく必要があると思います。

「ぬりもの」の三要素を思い出してください。木地は骨格、下地は筋肉、上塗は皮膚、そして加飾がお化粧でした。

木地の材料、木取りの仕方、上塗りの方法なども、産地によって多少違いますが、輪島において最も特徴的なのは、下地の材料です。下地の工程の中でもふれましたが、下地漆に混ぜる材料として「輪島地の粉」があります。地の粉は、珪藻土を材料に作られています。珪藻土は、海中のプランクトン（珪藻）の死骸が、海底に沈殿してできた土の層です。能登に珪藻土の地層があるのは、その海底が隆起して半島になったからでしょう。まず、その珪藻土を焼き締めにした焼き物を作ります。それを砕いて粉状にしたものが地の粉です。地の粉を顕微鏡で見ると、小さな粒子に、さらに小さな無数の穴が空いているのが確認できます。その多孔質構造こそが、地の粉の秘密で、漆と混ぜ合わせると、漆が小さな穴の中に染み込んでいき、一つ一つの粒子をより強固に結びつけると言われています。

地の粉は、通説によると、江戸中頃に、輪島の職人がその製法と使用法を発見したことになっていますが、江戸期以前の遺物にも地の粉の使用が確認されているので、その歴史はかなり古いものです。そして少なくとも、江戸中期には、地の粉を使った、固くて丈夫な下地を作る産地として、輪島の名が全国に知れ渡っていたようです。当時の輪島で作られていたのは主に皆朱の無地のお椀とお膳のセットでした。それらは、ふだん使いのものではありませんが、頻繁に行われる法事の供応に何世代にもわたって使いつづけられるものですから、あくまでも実用品です。このように、使ってこそ、堅牢な下地をもった輪島塗の本質が生かされるのではないでしょうか。

本物の漆と出会う

ここでご紹介した漆塗りの工程は輪島で一般的に行われているものですが、それは、多種多様な「ぬりもの」の一例にすぎません。もちろん地の粉を使った本堅地は、素晴らしいものですが、それが唯一正統な技術では決してないのです。輪島下地にも長所短所はあります。いかに堅牢と言われても、下地が、ある程度の厚みを持つかぎり、部分的に欠けたり、剝がれ落ちたりする可能性もなくはありません。ならば、下地などせずに、ひたすら漆だけを塗り重ねた方がより丈夫な「ぬりもの」ができるのでは、と考える職人さんもいます。それに対して、僕のようにこれら下地の弱点を認めた上で、造形的な観点から下地の意味を見いだしている人間もいますし、ほかにも断熱効果を持つ下地が、熱に弱い木地を保護するので、下地があったほうがいいと主張する職人さんもいます。さらに地の粉を使わない輪島以外の産地で、独自の技術を持っている人もいます。

つまり、漆という素材にきちんと向き合っていれば、その作り手の数だけ、漆に対する考え方があり、技術があり、多種多様な漆の器があるのです。

ところで、1975年に旧通産省が、伝統的工芸品として輪島塗を指定し、輪島塗の技術自体が国の保護の対象になりました。その際、布着せをし、輪島地の粉を使用した本堅地のみが輪島塗ということになってしまいました。僕は、それはそれでいいと思うのですが、同時に輪島塗以外は、漆の器ですらないような、排他的な風潮が輪島の中で広まってしまいました。そのことによって、漆が本来持っていた多様性と生き生きとした生命力を見失い、漆器が固く冷たい物になっていったように思います。それを今、見直す必要があるのではないでしょうか。

では、漆本来の多様性の中で、自分の使う器を選ぶにはどうしたらよいのでしょうか。答えはいろいろとあると思いますが、その一つは、使い手と作り手が出会うことだと、僕は考えています。きっかけは、器からでも、人からでもいいのです。自分と肌の合う「ぬりもの」と、信頼できる作り手を見つけてください。塗師屋さん、漆芸作家、生活工芸家、その肩書きは関係ありません。出会いの場所は、近くの街にあるギャラリーや器屋さん、デパートの和食器売り場など、どこにでもあります。興味があれば観光がてら産地を訪ねてみるのもいいでしょう。

漆と長くつきあう

「ぬりもの」は、修理することができる、ということが、だいぶ世の中に広まってきたようです。僕自身も、古いものの修理を頼まれることが多くなりました。でも、残念ですが、自分で塗ったもの以外はお受けすることができません。あまりに量が多すぎて、ひきうけてしまうと、自分のもともとの仕事ができなくなってしまうからです。

それでも、壊れたら何でもすぐに捨ててしまおうという時代に、お直しをしてまた使おうという気持ちが生まれるのは、ちょっと嬉しいことですよね。そんなときにも、作り手の顔を知っていれば、依頼もスムーズです。

前にも触れましたが、漆は、塗料であると同時に、接着剤でもあります。たとえお椀が二つに割れていても大丈夫。そんなことあり得ないと思うかもしれませんが、何かに押し潰されてペシャンコになってしまったお椀を修理に持ってくる人もいるのです。それでも、割れた部分を漆でくっつけ、足りない部分は新たに作り、形を整え、表面を塗り直せば、元通り、新品に戻すことができるのです。

ふだん使いのお椀なら、毎日使っていても十年くらいは大丈夫ですが、少々くたびれたなと感じたら、

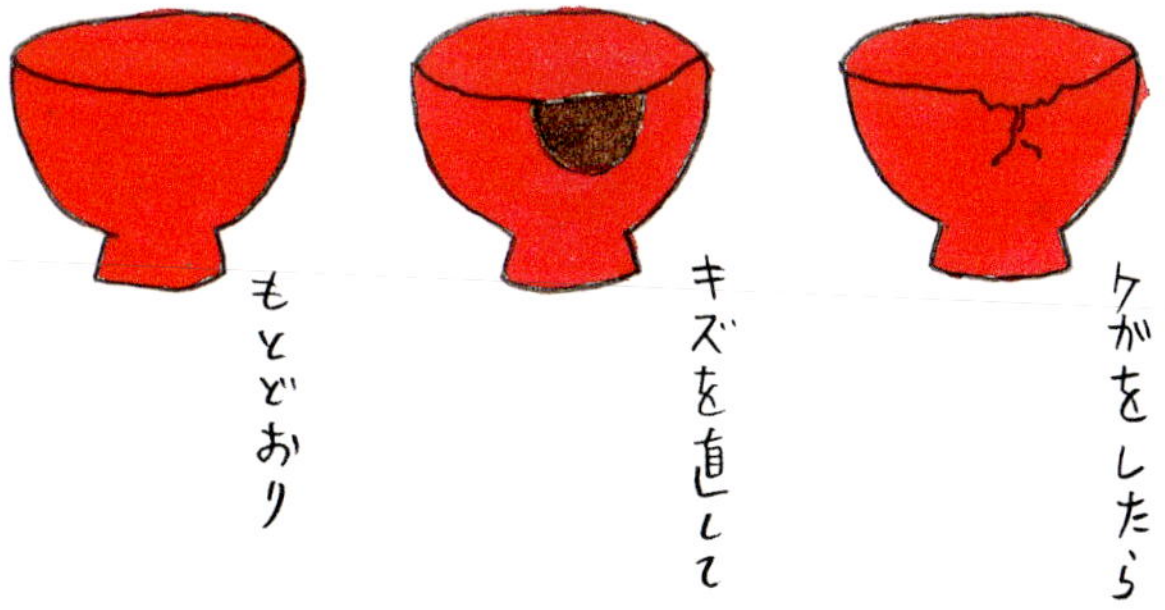

一度メインテナンスに出すのもいいでしょう。プロの目にしか見えない小さな割れやキズもあります。

気になるのは修理代ですが、新しいものに買い換えるよりは、ずっとお得だと思います。それに、塗った本人にお願いするのであれば、かなりサービスしてもらえるはずです。作り手としては、自分の塗ったお椀が、行った先でどのように使われているのか、見ればすぐにわかります。大事にされているのがわかると、子どもの幸せな結婚を願う親のように、うれしいものです。

現代は、大量生産、大量消費の時代です。誰が作ったのかわからないものをたくさん使い、使い終わったらどんどん捨てる。いつの間にか巻き込まれてしまっているそんな暮らし方に、少しくらい抵抗してもいいかもしれませんね。食器は自分の身にいちばん近しい道具です。それを一つだけでもいいから、自然の素材だけで、伝統的な手法でできた、そして作り手の顔が見えるものに変えてみませんか。それを丁寧に、大切にしながら、長い時間をともに過ごしてみるのです。ほんのちょっとのことかもしれませんが、新しい生き方や暮らし方が、そこから始まるかもしれません。

輪島塗の歴史

古い輪島塗＝沈金蒔絵の豪華な重箱？――いえいえ、どうやら本来の輪島塗は、ずっと素朴でおおらかな無地のうつわだったよう。ここでは昔のうつわの謎と魅力、そしてそこから学ぶ、ぬりものの未来についてお二人に話してもらった。でもその前に、まずはそんなうつわを生み育ててきた、輪島の町の案内から。

輪島の魚は日本一、と赤木さん。

[右上] 夕暮の日本海。
[右下] 朝市にて。輪島の朝市は日本三大朝市のひとつ。
[左上] こんな風情ある小路も多い。
[左下] 建物の内部に漆塗りが施された宿「深三」。

輪島の魅力
朝市と塗師文化

「ねえちゃん、魚いらんけぇ」
「干物、買ってくだぁ」

　輪島の朝市を歩くと、方々から声がかかる。朝市に出て地物の魚や野菜を売っているのは、たいてい漁師の奥さんか、自分で畑をやっている人。自分で捕ったもの、作ったものを直接お客さんの顔を見ながら売る。経済が始まったときの、もともとの姿のような形がここには残っている。記録に残る限り、この朝市、千年以上も前からずっと続いているらしい。

　金沢から北へ１２０キロ。車でも２時間近くかかる。地続きといえども、輪島は日本海に突き出た半島の先端、名前のとおり陸から離れた「島」の感覚に近い。僻地だからこそ、大きな経済の流れに取り残されたように伝統的な文化が残っているのかもしれない。それが、この町のいちばんの魅力なのだ。

　塗師文化もその一つだろう。多くの漆器産地が江戸時代に藩の庇護のもと発達したのに対して、輪島は独自の道を歩んできた。半工半商。つまり、自分で作った漆のうつわを、職人自らが担いで旅に出て売り歩く。この職人自らの行商こそが、現在の輪島塗師屋の起源なのだ。お客さんは、当時勃興してきた豪商や豊かな上層農民。つまり武士などの特権階級ではなく、庶民に使われていたのだ。それゆえに輪島は、けっして派手ではないけれど、丈夫で実用的な、そして大らかさと温かみのある漆のうつわを提供しつづけてきた。それを支えていたのが、塗師と顧客との対面販売による信頼関係だった。そのやり方は今もなお受け継がれている。

　だからこそ、多くの産地が衰えたにもかかわらず、輪島塗師は生き残ることができたのだろう。

　食べるために魚を捕り、野菜を作る。使うために「ぬりもの」を作る。お客さんの顔を見ながら、自分の作ったものに誇りを持って、笑顔でそれを手渡す。奥能登の風土から生まれた輪島の朝市と、塗師文化、ともに深いところで繋がっているのかもしれない。

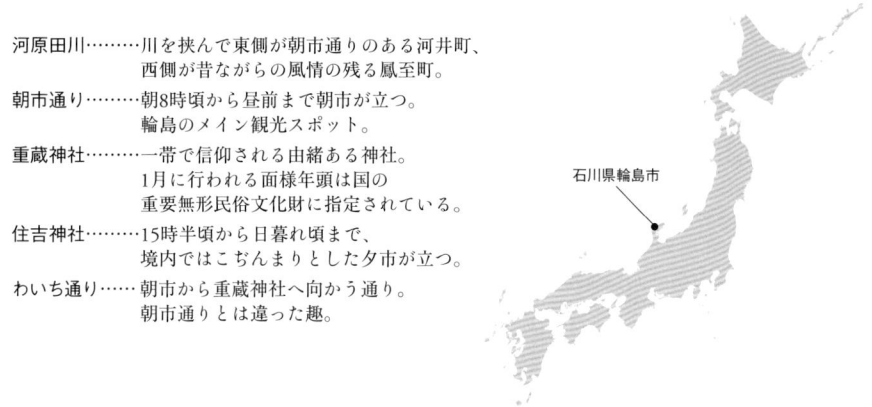

河原田川………川を挟んで東側が朝市通りのある河井町、
西側が昔ながらの風情の残る鳳至町。

朝市通り………朝8時頃から昼前まで朝市が立つ。
輪島のメイン観光スポット。

重蔵神社………一帯で信仰される由緒ある神社。
1月に行われる面様年頭は国の
重要無形民俗文化財に指定されている。

住吉神社………15時半頃から日暮れ頃まで、
境内ではこぢんまりとした夕市が立つ。

わいち通り……朝市から重蔵神社へ向かう通り。
朝市通りとは違った趣。

「合鹿椀の謎」

合鹿椀のどっしりとした、土俗的なこの姿。丼もの用という説、お供え用という説など諸説ある。ためしにどちらもやってみました。
[右頁] 江戸中期　高10.5　口径13.5
[左頁] 江戸初期　高10.0　口径13.0

合鹿椀とは何か

高橋　今までたびたび登場してきましたが、そもそも合鹿椀というのはどういうものなんですか？

赤木　合鹿椀ってすごく不思議なお椀なんですよ。何が不思議かというとその大きさ。もともと旧柳田村（現・能登町）の合鹿という集落で、明治頃まで作られていたお椀なんですが、こういう大きいお椀が近世以降も残っているというのは珍しいんです。というのは、最初日本人の主食は粥とか雑炊みたいなものだったから飯椀が大きかったのですが、お米の生産力が上がって、ふつうに炊いたご飯が食べられるようになったので、近世以降は飯椀がどんどん小さくなっていきました。それなのに、合鹿椀、それから飛騨の五郎八椀もありますが、その二つだけがこの巨大な大きさをたたえたまま、近代近くまで残ってしまう。じつは、この合鹿椀の骨太で力強く田舎っぽい感じは、僕の中では輪島塗のイメージにつながっています。輪島塗というと、繊細ですごく金ぴかの、触るのもためらわれるようなものと思われがちですが、それは近代以降のことで、僕は本来輪島というのはこの合鹿椀のように優しくて力強い、そういうものを作っていた産地だと思っています。

高橋　では輪島のルーツは合鹿にあるんでしょうか？

赤木　輪島塗がどこから始まったかという、科学的な調査はないんです。でも、輪島の古いお椀の中に合鹿を思わせるイメージを持ったものがたくさんあるし、おそらくつながりがあると思う。合鹿という集落はずっと木地師の集落で、木地師というのは中世から近世にかけて移動の自由を認められていたので、日本中の山を木を求めて移動して、ある時期住みついては木地を挽いて、また移動するという生活をしていました。いわゆる隠密も、もとは木地師だといいますね。その木地師が定着した土地が柳田など能登各地にあります。輪島の木地師のルーツもそのへんにあるかもしれません。それから、これも伝説でしかないのですが、紀州の根来《ねごろ》塗に由来するという説もある。根来寺というお寺が豊臣秀吉に焼き滅ぼされて、作り手であったお坊さんが全国に散らばった時に輪島に定住をしたのが輪島塗のルーツだというもの。まあでも発掘品を見るとそれよりも前に輪島ではぬりものが作られていたみたいですから何とも言えません。

高橋　合鹿椀は飯椀なんですよね？

赤木　そうですが、でも誰がどういうときに使っていたかというのがよくわからないんですね。ある人は合鹿椀というのは日常使いのもので、馬喰《ばくろう》とか下働きといった人が野や山の中で、丼みたいにご飯をかきこむために使ったお椀だと言うし、別の人は毎月28日の親鸞さんの命日に、お寺に行って食べるときのものだったと言う。僕はどちらかというと日常のものではなくて、後者の、ハレの日の特別なものだったんじゃないかという感じがしますが、確かではありません。

高橋　単純に高台が高くなればなるほど、高価というか、神々しいものに見えますね。でも同じように、分厚いとちょっと安心感があるから庶民に近くて、薄くなっていけば高貴なものに感じる。光沢も同じで、ピカピカに手を入れて磨き上げられたものはすごく高そうに見えるけど、それがマットであればあるほどカジュアルに感じる。これは、ごくふつうの考え方だと思いますが。今残っている合鹿椀は高台は高いのに、マットで分厚くて、形にシャープさがない。高級感と庶民性、二つの相反する側面を持っているのがおもしろい。

赤木　そうですね。農民が、ハレの日に使っていたと考えるのが自然かなと思います。

高橋　でも、今回やってみたように、ご飯の上におかずをごろっとのせちゃっているのを見ると、労働者のおじさんがドカ弁でがつがつ食べてる図も自然に頭に浮かんでくるんですよね。私も赤木さんの三つ椀（8頁）の一番大きいの、あれにご飯を入れておかずをのっけて食べると言いましたよね？　労働者階級の自分とちょっとつながる（笑）。

赤木　うーん、でもたぶんハレのものじゃないかな。古代から日本には、ご飯を高盛りにして特別な日に食べるという神道系の風習があるんです。山のようにご飯を盛ることによって、そこから宇宙のエネルギーをもらうというものですが。

高橋　まあそういうのも全部含めて大らかな気がします、この大きさが。笑っちゃうような感じとでもいいましょうか。

八隅膳と宗和膳
江戸〜昭和初期

赤木　輪島塗が全国に知られるようになったのは、江戸時代に、家具膳と言われる、慶事や法事に使われるお膳とお椀のセットを作るようになってからです。もともとは平安貴族から武士階級に広まった本膳料理、つまりお膳に飯椀、汁椀、その蓋を使った取り皿のようなお椀が四つ組になったものが普及したもの。輪島に限らず、特にお城や大寺院のあるところではお抱えの職人がいて、日本中どこでも作っていました。そんな中でなぜ輪島は生き残ってきたかというと、前にも説明しましたが、「輪島地の粉」を発見して、非常に堅牢で壊れにくい下地を作ったこと、そして品物を塗師屋さんが行商して直接販売したこと、この二つが理由です。輪島塗は丈夫だと、全国にブランドとして認められていきました。

高橋　この八隅膳《やすまぜん》（72頁）というのが当時のものですね。

赤木　見てのとおり今の輪島塗のイメージとはまったく違って無地で素朴なものです。この八隅膳というのは平安時代から江戸中期くらいまで盛んに作られていたお膳で、四方の角を削り落とした隅切《すみきり》の形をした膳に、四つ椀がセットになっている。写真の四つ椀は、玉縁《たまぶち》（口縁部が出っ張って丸くなっている）がついたものが一番大きくて、その中に縁の反ったものが入れ子になっているんですが、古道具

「輪島ブランド誕生」

八隅膳

江戸時代、お膳の普及とともに、輪島は丈夫なぬりものをつくる
産地として、確たる地位を築いていった。
江戸中期頃　辺35.5　高7.5

宗和膳

膳にのっているのは、輪島の伝統的な精進料理。右奥は餅米粉と天草からつくられる「すいぜん」。ごまだれをつけて食べる。
昭和初期頃　辺33.0　高14.5

好きの世界では「親は反らずに子が反った」というふうに言われている、非常にめずらしい形です。お寺の什器はもともとは金属器だったから、このお椀もそれを写して作ったものなのでしょうが、飯椀がとても大きくて中世的な形ですね。玉縁も端反も金属器の形の名残です。
高橋　左のお膳（73頁）は？
赤木　こちらは宗和《そうわ》膳《ぜん》。お椀が全体に小ぶりになっています。その理由は前に説明しました。八隅膳に比べて高さもあります。これは飛騨の茶人の金森宗和（1584〜1657）という人が好んだもので、江戸中期ぐらいに全国でほぼ同時期にブームが起きる。プラダが流行るようなものだと思うんだけれど（笑）。
高橋　ステイタスの一つということでしょうか？
赤木　そう。このお膳をワンセット、つまり二十人分くらいですが、それだけを揃えるのには、家を一軒建てるのと同じくらいお金がかかります。色は朱ですが、本朱《ほんしゅ》（硫化水銀）は高価なのでベンガラをブレンドしたものもあります。
高橋　私はデザイン的には八隅膳の方が好きです。
赤木　宗和膳はかっこつけな感じです。お殿様が使っていた懸盤《かけばん》というとても豪華な四つ足のお膳があるんですが、宗和膳はそれをすごく簡略化したデザインに

72頁のお椀を重ねたもの。一番大きい椀を除いて縁が反っている、非常にめずらしい形。次第に姿を消してゆく。
四つ椀（一番大きい椀）　高8.0　口径13.0

民宿「深三」の夕食。こちらで使われているのは大正、昭和頃の、古い輪島塗の宗和膳のうつわの残り。お刺身を盛っているのはすいぜん用の木皿か。もともと持っている古いうつわを上手に取り入れている。

なっています。庶民の上流階級への憧れがこのような形になって表れたんでしょうね。それだけ人々が豊かになってきたということです。輪島でも宗和膳が八隅膳にかわって作られるようになり、昭和までずっと続いていきます。

沈金の発達　江戸

赤木　お膳が普及するのと同時に、輪島では江戸中期以降、沈金という加飾法が発達していきます。輪島に蒔絵が入ってきたのは近代以降のこと。76頁右側の重箱は江戸時代の末、左側は明治に入ってからのものだと思いますが、すごく生き生きとした沈金で描かれていて、立派な重箱です。酒器セット（77頁）の方は、重ね盃に、七福神の沈金をした、とても輪島らしいもの。

高橋　いかにもおめでたいという感じがします。

赤木　柳宗悦が昭和18年に書いた『手仕事の日本』で輪島について語っているんですが、一つは輪島の柚餅子《ゆべし》が日本で一番美味しいということ、もう一つは輪島塗がよかったのは明治初期までで、それ以降は形も模様も衰える一方だということを言っています。もう実にその通りで、僕も輪島の塗りが最も美しかったのは江戸から明治にかけてで、その後はどんどん形の美しさが衰えていったと思うんです。加飾では大正に大崎漆器店で見たようなモダンなもので素晴らしいものがありますが、そこを過ぎたら形もデザインも衰退する一方です。漆のうつわ自体も昔のようには使われなくなってしまった。

高橋　古い漆のうつわというのは手に入らないんですか？

赤木　ここに紹介した家具膳や重箱は漆の骨董を多く扱う輪島の「宮崎集古堂」でお借りしたものです。わりと人気があるんですよ。それから、今回精進料理を作ってくれたのは民宿「深三《ふかさん》」のご主人ですが、深三の食事は古い漆のうつわを使っているので、実際に見て使ってみたいという方にはお薦めします。

沈金の美

一般的に「輪島塗」と聞いてイメージするのは
こんな酒器や重箱かもしれません。
江戸時代の酒器セット
高55.0（台の底から一番上の盃まで）

右に盛ったのは輪島の郷土料理「ぶりなます」。
［右頁右］幕末頃の重箱　高34.5
［右頁左］明治初期頃の重箱　高34.5

77頁の酒器の盃。七福神が描かれている。

よみがえる形　昭和後期

赤木　さて、現代になると、輪島で作る椀や重箱は、ほとんど形が固まってしまって、そこに何の工夫も改良も行われなくなってしまう。木地屋さんに電話一本すれば、規格品のようなものがすぐに届けられる。それは近代以降、できるだけ効率よく、職人さんはなにも考えずに作るということが、ある意味伝統になってしまったからなんですね。それで形がつまらなくなり、生き生きとしたものを失っていったのだと思います。

高橋　自分がものを作るんだったら、形は一つ一つ工夫をして、吟味していきたい。人間の暮らしの中から自然と出てくる形というのがありますよね。

赤木　それがものを作るということだと思います。それなのに、もの作りが産業化して、目的が、「使うため」から「売るため」に変わってくると、工夫や吟味はされなくなってしまう。それが極まったのが今の状況です。ただみんなそれではいけないと気づき始めています。

高橋　たしかに輪島にいると、新しいものを、という熱意は感じます。ただし、作られたものを見ると無理矢理な感じのモダン・デザインだったり、わざわざ漆じゃなくていいんじゃないのというものがあったりして、何か違和感も感じています。

赤木　じゃあ、どうすればいいんだということになりますが、答えは足下にあると思うんです。輪島で漆のうつわ作りが始まった頃を想像すればいい。つまり、古きに倣え。そういう意味で、昭和の輪島にはすごい塗師がいました。奥田達朗さんと角偉三郎さんです。

高橋　奥田さんというのは？

赤木　奥田漆器店という塗師屋の親方だった人ですが、上塗りは自分でしていたようです。１９３２年に輪島で生まれて、79年に47歳で亡くなっていますから、僕は会ったことがないんですが、じつは、作品自体はよく見て知っています。自分の展覧会などで、地方の民藝の窯元に行く機会があるのですが、そういうところに奥田さんの椀があって、修理を頼まれたりするんです。それがじつにいい椀で。先ほど見た、いわゆる八隅の四つ椀の写しなどは、とにかく大きいというのか……。

高橋　それは実際のサイズのことじゃなくて、精神性みたいなことですね。

赤木　それに、きっとすごいプロデュース能力もあったんだと思います。僕ははじめは輪島の古いものの写しかと思っていたのですが、奥田さんをよく知る人の話によると、桃山時代あたりのものを写したとのことでした。そういう時期の、最高のものを奥田さんは見ていたのだと。ほかに、岩手の秀衡《ひでひら》椀や飛騨の五郎八椀を写したものもある。合鹿椀にしても、研究者が発見したものを、作り手として最初に写して作ったのは奥田さんだと思います。そんな仕事をしながら、奥田さんは明漆会という全国的な組織を立ち上げてもいます。これは、漆の世界の民藝運動と言ってもいい。

高橋　つまり奥田さんは暮らしの中で使うことのできる優れた手工芸品を生み出したかったのね。奥田さんがもう少し長生きしていたら、漆の世界も今とは違っていたんでしょうか。

赤木　そうかもしれません。奥田達朗という人物については、僕自身、もう少し研究、というか知りたいという思いがあります。

高橋　これまで何度か話に出てきましたが、角偉三郎さんも輪島の人ですね。

赤木　角さんは、もともと沈金の職人でした。漆のうつわから形が失われていったのと同じ時期に、沈金や蒔絵も、単なるうつわの模様から離れて、芸術表現みたいなことになっていきます。もちろんその当時の時代背景もあるけれど、角さんはその「職人芸術家」の旗手のような存在でした。奥田さんとは対照的に、使うということから一度徹底的に身を離していた。でもそこから１８０度転換して、やがて「使う」という世界に戻ってくる。その契機となったのがやはり合鹿椀だったんです。そこから偉三郎さんは、「漆って何やろか」と考え始めた。漆とは、手で触って、唇に触れて、使う物ではないだろうかと。その転換から再出発して、偉三郎さんは、新たな「ぬりもの」の世界を築いていったんです。

高橋　最初に戻るようですが、合鹿椀というのは輪島のぬりものを考える上でも大事なキーワードなんですね。

角偉三郎の晩年の名作だるま椀。
ネパールの柄杓の形を写した。
高9.0　口径10.5

「古きに倣う」

奥田達朗のこの飯椀は、古い合鹿椀を写したもの。
撮影・藤森武

角偉三郎は合鹿椀をはじめ、古いうつわの形を現代によみがえらせる名手だった。手前は、椀をしまっておく箱（奥）から発想した曲輪重箱。真ん中は、漆を塗る前の曲物木地。

（手前）高25.0

ぬりもので食べる

「お盆は絶対必要です！」

ぬりものの魅力はお椀だけではありません。お盆、弁当箱、重箱に箸……。オーソドックスなものから、あると便利、使うと楽しいうつわまで。暮らしも心もあたたまる、とっておきのぬりもの図鑑。

藤原盆

菊の花びらの模様が彫り込まれている藤原盆は、かつて群馬県の藤原でつくられていたもの。じかに絨毯の上に置いて、ひとり酒盛り。この渋さが酒器によく合う。
江戸時代頃　径39.0

[上]大皿（尺七寸）
[右]盆（九寸）
[左頁]盆（尺二寸）
仁城義勝作（3点とも）

大（上）、中（左頁）、小（右）とそろったお盆。赤木家では小さいのは一人用、大きいのは持ち運んでそのままテーブルに載せて、中くらいのは職人さんたちのお茶の時間に使っている。大ぶりの茶碗もしっかり運べる実に頼もしいお盆。

（大）径53.0　7万円（税込）

（中）径36.5　2万2000円（税込）

（小）径27.0　1万2000円（税込）

お盆
——ひとり暮らしの楽しみ

赤木　高橋さんがお椀の次に薦めたいぬりものは何ですか？

高橋　私はお盆です。とくにこれからひとり暮らしをしようと思っている若い方、悪いことは言わないから、お盆を使ってみてください。

赤木　お盆は最近の人たちは使わないんですよね。みんなどうやってうつわを運んでいるんだろうと思っていたんですが、考えてみたら今は台所がダイニングキッチンになっていて、流しから振り向いたらすぐそこがテーブルという家が少なくない。台所から食卓へうつわを運ぶということが、日常のことではなくなっているのかもしれません。

高橋　私が育った昭和30年代は、そうじゃありませんでした。家では母がふつうにお盆を使っていて、手盆ははしたないことだと教えられていたので、たとえ一つの湯呑茶碗を運ぶのでもお盆を使っていました。

赤木　そうそう、「手盆」という言葉がありました。

高橋　そういうすり込みもあって、ごくごく自然に、お盆はひとり暮らしをはじめたとき真っ先に取り入れたんですが、それとは別にもう一つ、お盆を薦めたい理由があります。自分用に朝ごはんをセットしてテーブルに運んでいるときに、ふと、あ、このまま食べちゃえばいいんだ、と思ったことがあったんです。お盆はお膳にもなるんだと。

赤木　現代ではそういう使い方のほうが多いかもしれないですね。もともとお盆は折敷《おしき》から来ているものです。折敷というのは、木材を薄く剝いだ「へぎ」で作られた板のことですが、四つ椀を載せて、お座敷に持ってくると、それがそのままお膳になります。つまり昔からお盆には運ぶという機能と、お膳として敷くという機能が兼ね備わっていました。

高橋　同じテーブルに敷くのでも、ランチョンマットはぜんぜんお薦めしませんが、私が大橋歩さんからお盆をいただいたように、今、自分が若い人に贈るとしたら漆のお盆をあげたい。お盆はぜったい必要です。

赤木　お盆といっても大小さまざま、形もいろいろですが。

高橋　持ち運ぶには縁の立ち上がりの高いもののほうが持ちやすいし、神経を使わなくていいんですが、とりあえず一枚買うんだったら、持ち運びだけじゃなくてお膳にもなりそうな、立ち上がりのちょっと低いくらいのものの方がいいかもしれません。大きさは最初は尺（約30cm）くらいのを一つ。あとは暮らしに合わせて、家族が増えたら大きいのとか、お茶飲み用に小さいのとか。小さなお盆にお茶とお菓子をちょこっと載せたりするのも気分が出て楽しいものです。

赤木　僕はお酒を飲むときに、お盆の上に自分の気に入った猪口と酒器と皿を並べたりするけれど、そこに自分の世界ができあがる、それが楽しい。

高橋　ままごとみたいだけど、じつは私もお盆でつくる世界で、ひとり暮らしが相当楽しめました。朝は小さめのお盆でお茶を飲んで、夜は晩ごはんの前にいそいそと晩酌セットを作って。

赤木　お盆と都会のひとり暮らし。遠い間柄のように見えるけれど、そうでもないんですね。

時代根来風通盆　矢橋工房

矢橋工房では、あえて擦れたような跡をつけたデザインを「時代根来」と名付けている。
径36.0　2万6300円（税込）

詰めるとなぜかおいしくなる、お弁当箱の不思議

[上]二段弁当箱（和紙張仕上）
赤木明登作

学校に持っていっても恥ずかしくない大きさの弁当箱を、という年頃の娘さんのリクエストに応えて作ったもの。
長16.5　高10.0　5万円

[下]曲物弁当箱（木地溜塗立）
赤木明登作

档の木を使った輪島ならではの曲物の弁当箱。
長19.0　高4.5　2万8000円

「重箱だってうつわのひとつ」

五寸五分重箱　畠中昭一作

色は外黒、内朱の小ぶりの三段重。畠中さんは越前塗の上塗師。塗りの美しさには思わずため息が出る。下地は総布張りの、本堅地。
辺17.0　高15.0　9万円

丸重　蔦屋漆器店

輪島の伝統的な丸重の型を、現代の都会の暮らしにも合うようにアレンジしている。

径17.5　高17.0　9万3000円

入れ子角重ね鉢
仁城義勝作

木から椀木地を挽いたあと、余った薄い板で重箱をつくる。木を最後まで使いきるための工夫から生まれたうつわ。しまうと上のようになる。こういう入れ子式の収納の箱は、古いものにもある。
辺19.5　高19.5（収納時高8.0）
9万5000円（税込）

弁当箱と重箱
——家族とともに

高橋　赤木さんがお薦めのぬりものは？

赤木　僕は重箱ですね。でもその前に、まずは弁当箱の話から。塗りの弁当箱がほしいという人は結構います。いまお弁当箱というとプラスチックが主流で、ちゃんとした塗りのものはほとんどない。曲物はわりとあるけれど、どういうわけかみなウレタン塗装。前にも言いましたが、漆には雑菌の繁殖を抑える機能もあるし、ある程度の保温力と、そして保湿力もある。お弁当には最適なんです。

高橋　私はお弁当というものがすごく好きです。高校生の時から学校に春慶塗の丸いお弁当箱を持っていったりして。その頃から人と違ったシブい大人っぽいようなものが好きだったんですね。勤めているときはもちろん、今でも朝、残り物をお弁当箱に詰めて家に置いておいて、お昼に帰ってさっと食べるということをしています。ちょこちょこと詰めたりす

小箱付二段重　長井均作

上は二つにわかれているので、汁気のあるものでも安心です。
アイデア作品のように見えて、こちらもじつは輪島の古いもの
にもある伝統的な形。布を張って高低の模様を見せている。
長24.0　高11.0　9万円

るのもままごとみたいで、楽しい。お弁当箱って不思議だけれど、残り物でも時間が経つと美味しくなるの（笑）。

赤木　この弁当箱（87頁上）は、長女が高校生のときに使っていたもの。幅を薄くしてあるので、カバンの中に立てたままスッポリと入れることができます。うちの奥さんは、以前は娘のために毎日お弁当を作っていて、かならず写真に撮っていました。

高橋　大変だったと思いますが、わりと楽しかったんじゃないでしょうか。

赤木　そう思う。で、僕の中では重箱も弁当箱と同じなんです。重箱は、お正月の特別なものというイメージが強いけれど、いわゆる弁当箱が一人のためのものだとすると、重箱は家族のためのお弁当箱。たとえば、運動会やお花見なんかで家族で外で食べるとき、それからお彼岸におはぎを詰めて、親戚に配るとき、友達の家に呼ばれてお惣菜を詰めて持っていったり。

高橋　言われてみればそうですね。運動

会の時に食べた海苔巻きやお稲荷さんは、確かに重箱に入っていた。そういう習慣はなくなってしまいましたね。

赤木　家族の楽しい思い出のなかの、隅っこのほうには必ず重箱がある。いつか子供たちが家を離れて結婚して子どもを連れて帰ってきて、そのときもまだ家に重箱があって……。ぬりものは何十年にもわたって使いつづけることができるわけだし、重箱ってなにか物語の生まれそうな、素敵なうつわだと思いませんか。

高橋　私はずっとあこがれてはいるんだけれど、自分では持ったことがありません。重箱というとやっぱりお正月のイメージが強くて、一の重、二の重に何をどう詰めてとか、そういう面倒くさい決まりごとがまとわりついていて、まだまだ自分には早いと手が出せないでいました。でも今回、輪島の人たちのお宅を訪ねて、ずいぶん見かたが変わりました。一言で言えば、重箱だって、うつわなんです。うつわとして見れば、なにもハレの日だけではなくて、ふだんもいろいろな使い方ができるなと。

赤木　お客さんが来るときには、冷めてもいいものはあらかじめ詰めておいたり、あるいは、一段一段をそれぞれお弁当にして、お花見や紅葉狩りに持っていって、銘々膳のようにしてみるとか。松花堂弁当ってもともとはそういうものだったんじゃないかな。あとは、余ったご飯や食べ物を保存しておく、保存容器的な使い方もできると思うんです。

高橋　それは、蓋つきのものの魅力のひとつですよね。

赤木　形はどうですか？　正方形、長方形、丸、いろいろありますが。

高橋　正統派好みなので、形としては正方形が好き。畠中昭一さんのお重（88頁）は小ぶりなのもいいですね。昔の重箱って大きいから、それを満たさなきゃという恐怖もあったんです。

赤木　使っている人に聞くと、長方形のほうが詰めやすいといいますね。そういう意味では、長井均さんの「小箱付二段重」（前頁）は下段と上段にサイズちがいで長方形の箱があって使いやすいと思います。

高橋　左頁の長井さんの「長手箱」は、重菓子や季節の和菓子を詰めて出されたら、ちょっとしたもてなし感があって嬉しいでしょうね。チョコレートとか洋風なものでも嫌みな感じはしなさそうです。

赤木　丸重になるともっと気楽な感じかな？　大崎さんのお宅で使っていたのも丸重でした（36〜37頁）。

高橋　丸重については、大崎漆器店のところでお話ししたとおりです。もし、うつわだけを見て頭の中だけで考えたら、自分の料理歴からは何を入れていいのかちょっと想像がつかなかったと思います。

赤木　色はどうでしょう。

高橋　畠中さんの重箱は外黒内朱ですね。内側も黒の方が食べ物が引き立つとは思いますが、自分が使うレベルにはこの朱のほのぼのした感じが似合う気がします。そういえば大崎さんのお宅で使っていた丸重も、中が朱色でした。話していたらますます丸重がほしくなってきました。

長手箱　長井均作

この長さは意外に食べ物がつめやすい。
いくつか重ねることもできる。
長32.0　高6.0　3万5000円

だえん重　四十沢木材工芸

四十沢（あいざわ）さんは指物や刳物をする木地屋さん。仕上げは黄溜塗といって、下に黄色を塗り、その上に透漆。使いこむほどに深い味わいが出てくる。ピラフなどの洋風のお弁当にも合いそう。
長27.0　高12.0　10万円

子どもにぬりもの

木地師 高田晴之さん
蒔絵師 山口浩美さんの家

休日の高田家のお昼ごはん（下）。平日は保育園にご飯だけを持っていく（左）。蒔絵はお母さんの山口さんの手によるもの。

赤木　高田さんは僕のお椀の木地をひいてくれている職人さんです。奥さんの山口浩美さんは蒔絵師で、お二人の間には小さい女のお子さんがいます。ご夫婦でこの子のためにいろいろなぬりものを作っているんですが、どれもとてもかわいらしい。

高橋　このお弁当箱の蒔絵は浩美さんがしていると言っていました。保育園に持って行かせるのに、あんまり地味にならないように、かわいい図柄にしてあると言っていましたね。

愛娘の真衣ちゃんのために高田さんが作った三つ組のお椀。口径10.3cm、高さ3.6cmのかわいらしいサイズ。歯形と修理の跡が残る。

赤木　扱いづらい漆を子どもに与えるなんて、と思われるかもしれませんが、僕は、ぬりものは子どもにこそ使ってほしいと思っています。ぬりものを扱う基本は、大切にすること。子どもに手渡すときに、これは大切なものだよ、と教えてあげると、自然に丁寧に扱うようになってくれます。うちの子どもたちもそうでした。食事をすることが丁寧になれば、生活も丁寧になる。ぬりものが人格形成に及ぼす影響は大きい。

高橋　お食い初めの時に高田さんが作ったお椀は、投げてまっぷたつに割っちゃったって言ってましたよ（笑）。お父さんが直したそうですが。

赤木　そうか……。でも、離乳食用に使っていたそうだから、せいぜい1、2歳頃の話だよね。そういう経験を積んで、ものとの付き合い方を学んでいくんじゃないかな。

高橋　たしかに。私も子どもに漆、ぜったいにいいと思いますよ。

塗り箸

赤木明登作

紫檀と黒檀を木地にして、箸先のみ拭漆で仕上げてある。

❶丸箸（和紙張仕上） 23.5 5000円
❷角箸（和紙張仕上） 23.5 5000円

福田敏雄作

細い見た目も感じよく、拭漆のさりげなさもふだん使いにお薦め。

❸蒔地箸 23.0 3000円
❹拭き漆箸 24.0 2000円

村山亜矢子作

村山さんは箸にこだわる若い作り手。小さな絵を描いて、箸だけで個展を開いたりしている。

❺点文様豆箸 17.0 4000円
❻麦わらで箸 23.5 3300円

中野知昭作

ふたつとも、箸先が蒔地で補強してある。

❼黒檀箸 23.5 4000円
❽利休箸 26.0 2000円

長井均作

中野さんのもそうだが、粗い下地を付けて表面をざらざらに仕上げているのは、滑らなくするため。同時に、使いつづけても箸先がはげないようにする工夫でもある。

❾朱塗り先乾漆箸 22.0 3600円
❿大箸（取り箸） 35.0 6000円

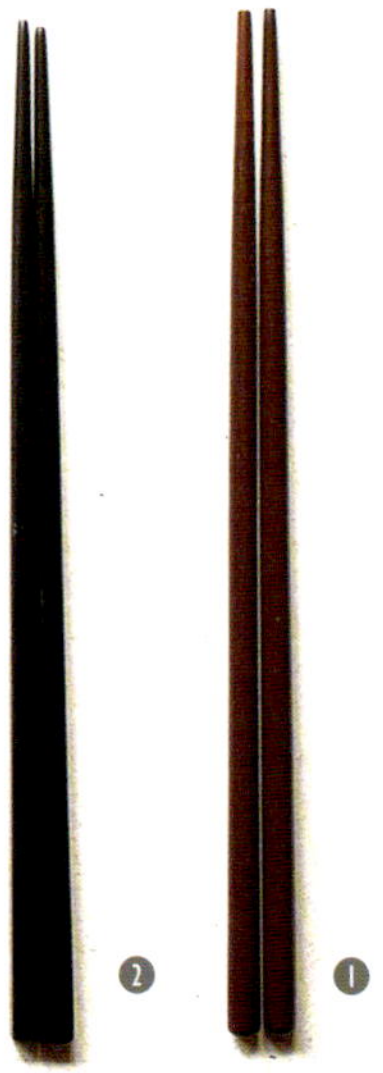

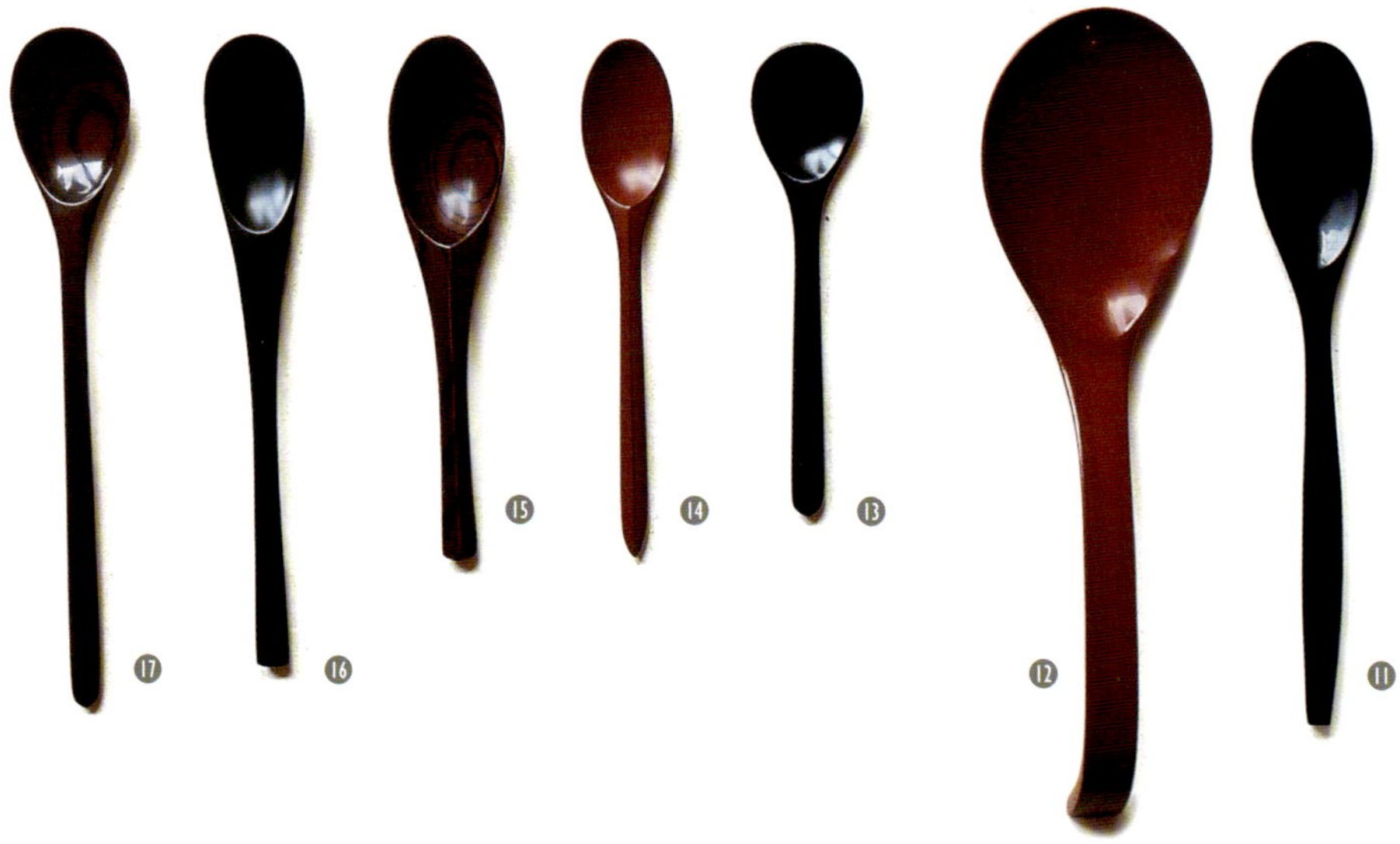

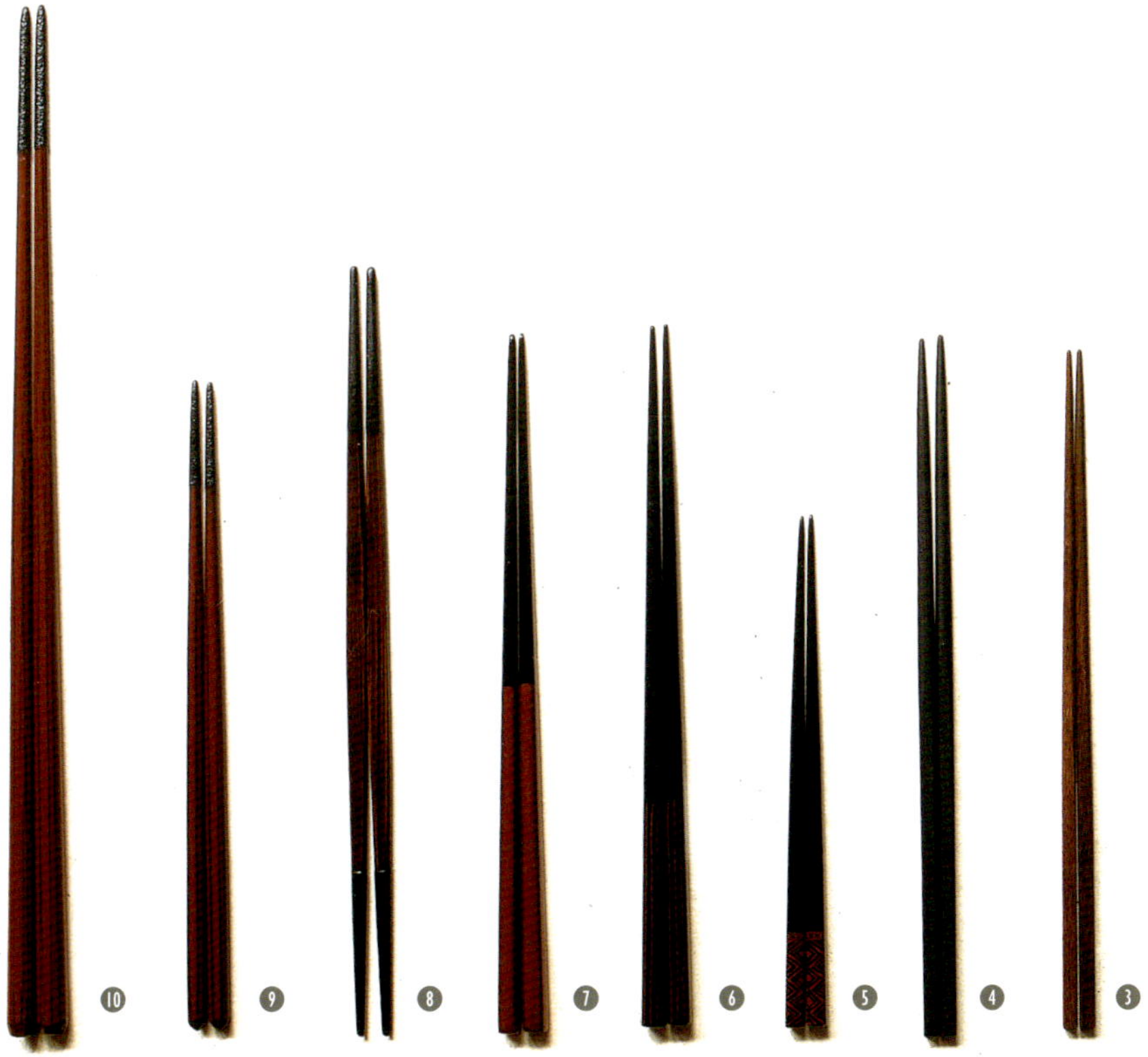

スプーン（小・黒）／貴具鉢杓子（本朱）
輪島キリモト

桐本家は本職が朴木地屋さんなので、スプーン類は専門中の専門。下地でエッジをふっくらとさせ、中塗り、上塗りを施すとやさしい口当たりに仕上がる。サーバーとして使えそうな杓子は、古いものの写し。柄が曲がっているので鉢の縁などにひっかけることができる。

⑪スプーン　20.0　5000円／⑫貴具鉢杓子　24.0　2万5000円

匙いろいろ　谷口吏作

会津の谷口さんの本職は漆掻き。本職が休みの冬の間に限り、山で採ってきた木を削って、スプーンをごくわずかな数だけ作り続けている。

⑬小匙（黒）　13.6　6000円／⑭小匙（朱）　15.0　7000円／⑮レンゲ（木地溜）　15.0　1万1000円　⑯匙（黒）　18.5　1万円／⑰匙（木地溜）　19.5　1万2000円／⑱匙（塗り分け）　21.0　1万2000円　⑲匙（黒）　19.8　1万2000円／⑳匙（朱）　19.8　1万2000円

小皿・豆皿いろいろ

小皿　仁城逸景作

逸景さんは仁城義勝さんの長男でまだ仕事をはじめたばかり。ロールケーキをのせてみた（101頁）。
径14.5　3000円（税込）

玉文皿　角漆工房

角偉三郎さんの長男の有伊（ゆい）さんが、現在工房を引き継いでいる。
径14.0　2万1000円

豆皿　大場芳郎作

木地溜の豆皿。木地は栗、椿、梅、欅などを使う。わずかにカンナ目を残した木地が透ける。
径10.7　2万円（5枚組）

イチョウ皿（四・五寸）　高田晴之作

銀杏の木地を拭漆で仕上げたこの小皿は、注文生産のみだが、6ヶ月ほどでできあがるそう。
径13.5　2万5000円（5枚組）

布目正方皿（黒）　鎌田克慈作

驚くなかれ、この厚みだが、じつは10枚重なっている。25頁のお椀と同じく木ではなく布がボディ。
辺10.0　2700円

小皿　長井均作

欅材の小皿。長井さん曰く、茶托や珍味皿としても使えます。
径11.0　6000円

茶托　新宮州三作

刳物の木地作りから塗りの仕上げまで、ひとりで仕上げる。新宮さんもまだ若い作り手のひとり。
辺9.0　4500円
（現在は10.0×10.5のサイズを製作）

豆皿　大宮静時作

ノミで彫り、仕上げは黒溜塗と朱溜塗。手のひらにのる愛らしさ。
最大径9.0　3000円

箸と匙
——口の中でスッと消える

赤木　塗りのお箸は使っていますか？　カトラリーは口の中まで入ってくるものなので、僕としては一番天然素材であってほしいものなんですが。
高橋　うちは小さい頃から家族みんなお箸は漆でしたが、塗り箸というと、私はすべるという印象があります（笑）。
赤木　そういう意見は多いですね。だからたとえば長井均さんや中野知昭さんのお箸はすべらないように、先に下地の部分を残してザラザラにしてあります。ただ、僕なんかは、塗り箸はすべるからいいんだと思いますけれど。塗りの表面というのは人間の肌に非常に近いんです。だから唇に当たったとき心地いい。
高橋　すべるから嫌だってことではないんです。漆のお箸はそういうものだと思っていますし、今さら不自由するほどでもない。それよりも代用でプラスチックやら中国の長いお箸やらを使ってみると和食と合わなくて、そのほうが感覚的にはよほどつらい。自分たちの土地で生れたものって、やっぱり一番使いやすい。
　これも家族構成やライフスタイルによるのでしょうが、うちの場合はお客さんがわいわい来ることが多いから、誰がどれを使ってもいいように、利休箸とか、竹にちょっと漆が塗ってあるようなのを筒に立てかけて置くくらいがちょうどいいと感じています。お椀みたいに家族それぞれが自分用のお箸を持ったりする場合は、選び方もまた違ってくるかもしれませんね。
赤木　僕は日本のうつわの本質は、ものとしての存在感を失くすというところにあるんじゃないかと思うんです。箸を手の延長と考えれば、箸を使っていることを忘れるようなもの、唇に当たったときに箸を感じさせないようなものがいいんじゃないかと思っています。たとえば竹箸は過度に存在感を感じてしまう。気配の消え具合が漆はちょうどいい気がします。スプーンも同じ。たとえばアイスクリームをすくって口に入れた時に金属のスプーンは金属の存在感がありますが、こう口に入れた瞬間にシュッと存在が消えてしまうような心地よさが、いい漆の匙《さじ》にはあります。
高橋　口あたりもいいですが、私はお箸も匙も、手で握ったときのこのやさしい感じがとても好き。私は洋風のものを漆のスプーンでとは思いませんが、漆の匙だったらお粥とか、汁物みたいな温かい感じのするものを食べてみたいなあと思います。でも、デザイン的にも使い勝手もベストなものとなると、これがなかなか見つからない。探しているんですけれど。
赤木　僕が好きなのはこの谷口吏《つとむ》さんの匙（96〜97頁）。ただ、匙はじつは値段が高いんです。流通しているのは外国で量産された安いものがほとんどなのですが、本当に日本で納得いく形に仕上げていこうとすると、ひとつひとつ刳物師が手作りしていくしかないからコストがすごくかかる。箸も同じで、手間がかかる割に値段を高くしづらいものなんです。

高橋　それならなおさら、お粥を食べるためのいい漆の匙が一つあれば私は満足かな。中国のレンゲは食べづらいし、よくある竹製のものは体に悪そうな加工の臭いが気になる。

赤木　お粥や雑炊は谷口さんの右から三番目のレンゲ、僕はこれを使っています。出産のお祝いに銀のスプーンをプレゼントするという習慣があるけれど、漆の匙というのも悪くないんじゃないかな。

高橋　それはすごくいいと思う。赤ちゃんとか病気の人にこそ、このやさしさはぴったりだと思います。

小皿と豆皿
——福田敏雄さん宅に学ぶ

高橋　漆の豆皿を作る人がいるんですね。陶器の豆皿は便利なので箸置きみたいにしてよく使うんですが。豆皿は単純に姿がかわいいから、気に入ったものがあれば揃えてもいいかも。

赤木　小皿よりもさらに小さい豆皿。うちはこれに醤油を入れて刺身を食べます。

高橋　漆の小皿は使ったことがありません。自分で持っているのは、最初にご紹介した仁城義勝さんの小鉢（13頁）くらいでしょうか。

赤木　うちではこのくらいの、三寸から四寸くらいの皿は主に菓子皿として使っているんですが、じつは、職人仲間の福田敏雄さんのお宅の小皿の使い方がとてもいいんです。なので、小皿の話は福田さんのところにうかがってからすることにしましょう。

［上］仁城逸景さんの小皿（98頁）。
［下］赤木さんの初期のパン皿。のせたのは輪島名物、饅頭処つかもとの「えがらまんじゅう」。

福田敏雄さん、美和子さんご夫妻。

取り皿はぬりもの

塗師 福田敏雄さんの家

赤木　先ほども言いましたが、今回、高橋さんに福田さんのお宅を紹介したいと思ったのは、小皿の使い方をぜひ見てもらいたかったからなんです。福田さんは、僕と同業の下地職。春はゴリ引き漁、秋はアブラメ釣りという、職人の行事があるんですが、福田さんとはそれらを一緒にやったりしています。それにかこつけて宴会なんかもよくします。そのときに、取り皿として小皿を出してくれるんですが、それが自然でとてもいい。

高橋　小皿は菓子皿としてだけ考えると買おうとまでは思わないけれど、今日実際に取り皿として使わせてもらったら、かなり身近になりました。

赤木　漆は化学変化にも強いから、揚げ物、炒め物といった油を使った料理でも、酸味のある酢の物でも、まったく平気です。普通にお惣菜を取り分ける皿として、もっと多様に使えるんじゃないかな。

高橋　福田さん自身は気さくなオジサン

取り皿はサイズ違いで2枚用意してくれました。

です。ここに並んでいる小皿はすべてご自身の作ですが、作品も気さくな感じでいいですね。木工デザイナーの三谷龍二さんの木のうつわがすごく人気だけれど、それはうつわ自体が素敵という以外に、今、食卓に木のぬくもりやあたたかみが求められているからだと思います。取り皿って、六寸くらいのお皿と、三、四寸のお皿の二枚があればだいたいそれで事足りるんですが、そのうちの一枚を質感を変えて木のうつわにすれば、だいぶ食卓の雰囲気が変わるんじゃないかな。

「盛り鉢もいかが？」

時代根来風鉄鉢　矢橋工房

矢橋工房はもともと林業を営んでいるだけあって、木材は吟味された自前の広葉樹を使っている。こちらも86頁のお盆と同じ「時代根来」。

高12.0　最大口径26.0　3万6800円（税込）

白漆ボウル　三谷龍二作

三谷さんは木工デザイナーだが、塗装の一つとして漆塗りもやっている。白漆とはいうものの、実際のところ漆の白というのは白というよりベージュ色。
高6.0　径22.0　3万2000円

イチョウ高台皿（尺）　高田晴之作

木地に注目。高田さんは本職の木地作りを生かし、轆轤でつけた細かい筋目を見せる。
高4.0　径30.0　1万4000円

大皿——軽さが魅力

高橋　意外に思われるかもしれませんが、漆の大皿はすごくお薦めです。やきものの大皿はとにかく重くて、使うにも気を使うし、都会の狭いマンションではしまう場所もない。重いからといって下の方に置いておくと、うっかり掃除機をぶつけそうになったり。うつわとしてはとっても使えるのに、持っているのがちょっと大変というのが大皿なんです。

赤木　漆も結局いっしょだけどね。なかなか、ぬりもので大きいものを使うというのは上級編だと思います。

高橋　確かに、一番最初には買わない。それに数多く持ってる必要もないけれど、でも、三番目、四番目の大皿を買うときに、ひとつ漆の大きいのを買っておくと何かと便利だと思いますよ。重箱と同じで、家族何人かで食事をする場合や、人が集まるようなお宅ではかなり重宝すると思います。三谷龍二さんと高田晴之さんの大皿（106～107頁）は、サイズ的に盛り皿としてとても使いやすいんじゃないでしょうか。

赤木　この曲輪の容器（左頁）は、今回大崎さんのお宅で見せていただいたのを、いいなあと思って借りてきました。ふだん天ぷらを盛ったりするそうです。

高橋　鍋をするとき、うちの実家では味もそっけもないような大きな陶磁器とか、お盆やザルで代用していたような気がしますが、こういうふうに使うのはいいですよね。

赤木　新宮州三《しんぐうしゅうぞう》くんは、僕が弟子を取るようになる前、うちの工房で1年間ほどアルバイトをしていたことがあります。その後刳物をやりたいといって、京都で弟子入りし独立しました。新宮くんと鎌田克慈くんの長いお皿（111頁）はどうでしょう。僕は寿司とか刺身とかいいと思うんですよね。刺身を盛る皿って困りませんか？

高橋　たしかに。それにお刺身にしても何にしても、じつは大皿は、きれいに盛ろうとするとけっこう難しいものなんです。でも、このくらい長いとちょんちょんちょんと並べるだけでちゃんと絵になるので、盛りつけが楽かもしれない。それに、長いから立ててしまうこともできます。一番最初に買う大皿ではないと思うけれど、次の一枚の選択肢にはなりますね。

赤木　おもてなしにも使えそうです。二人ともとても若い作り手で、彼らから今の時代の食卓に合ったうつわがこれからどんどん生まれるんじゃないでしょうか。

反対に、李朝の盤（111頁）は非常に古いものですが、うちではパンを盛るのに使っています。これがよく合うんです。

高橋　たしかに。漆にパン、不思議ですがこの盤には合っています。私は、漆には合う食べ物と合わない食べ物があると思うんですが、この話は次のパスタ・バトルでいたしましょう。

曲輪の容器　大崎漆器店

大崎家で昔から使っているといううつわ。もとは入れ子になっていたそうだが、いま残っているのはこれだけ。

ココナッツボール　ヨーガンレール

ココナッツの殻を土台にして、赤木さんが漆をかけた。自然に還るものしか作らないというヨーガンレールのこだわりのうつわ。

(右／左) 高約11.5　最大口径約11.5　1万8000円

(中) 高約6.0　最大口径約10.0　1万円

[左頁上]李朝の盤

非常に古いものだが、パンのかわいた感じととてもよく合う。

[左頁下右]長皿　鎌田克慈作

なんと長さ1メートル!　立ち上がりを見せないように作られているので、薄い板が浮いているようにも見える。

100.0×10.5　高2.0　7万円

[左頁下左]木台　新宮州三作

鎌田さんのシャープな長皿と対照的な、木を刳ったあとが残る、力強いうつわ。

40.5×10.0　高4.5　3万8000円

やきもの？　ぬりもの？

塗師　赤木明登の家

赤木　ずいぶん前に、高橋さんに使ってみてほしくて、このパスタ皿を送りつけたことがありました。でも、漆のうつわでパスタを食べる気がしないって、そのままお蔵入りになっているようです。うちではよく使っていて、使い心地もいいんですよ。

高橋　これは感覚の問題だからほんとうにむずかしい。パスタは白い洋皿でいいじゃない。

赤木　確かにワインは飲む気がしない、コーヒーも、お燗も、漆は合わないと僕も思う。ただ、漆＝和の世界という固定観念は取り払いたいんです。パスタは洋食だけれども、ヨーロッパのお皿だってもともとは木です。それが金属になって、デルフトがチャイナを写して焼けるようになった。ヨーロッパの白いやきもののお皿を見ると、木の形に繋がっているものと、もともと金属の形だったものと二系統あるのがわかります。このパスタ皿は、木の形から来ている16世紀のデルフト白釉の皿をもう一度木に戻したものなので、違和感はないと思うんですが。

高橋　話としてはわかりますよ。やってやれないこともないと思います。たまたま持っていたら使ってみるかもしれない。でも自分の素直な気持ちに反するのに、買ってまで努力やチャレンジする必要はないでしょう。でも、この感覚は人それぞれ。私は、たとえば混ぜご飯のようなものは漆でもまったく大丈夫です。今回はたまたまパスタで自分の感覚ではダメだったけれど、ちゃんとした和食以外でも合わせると面白いものはあると思います。

高橋さんが持ってきたのは、フランスの古い量産品。「なんでもないふつうの白いお皿がいい」と高橋さんがセレクトした。さて、あなたはどちらでパスタを食べますか?
[下]パスタ皿　赤木明登作　径24.0　1万2000円

これからつかう、ぬりもの

高橋みどり

輪島のお宅を取材して、漆の個展にせっせと通い、知識もしっかり蓄えた高橋さん。どっぷり漆漬けの日々を送ってみたら、気持ちの変化もあったよう。これからぬりものをどう使っていくのでしょうか。

使い道いろいろ

数年前に姿の美しさに惚れて買った赤木さんの切溜。切溜はもともと台所道具なんだと教えてもらい、ますます好きになったものの、自分ではうまく使えないと思ってしまいこんでいました。輪島に行って、自分にまとわりついていた重箱の呪縛から解き放たれたこともあって、重箱を買おうと思ったのですが、いや待てよ、切溜があるのだからまずはこれを使ってみようと。使いはじめたらやっぱり重箱より気が楽。この延長線上に重箱があるんでしょうが、もしかしてこれで終ってしまうのでは？　というくらい、使えるうつわです。

切溜（拭漆仕上）＊上が「親」で、下が「蓋」　赤木明登作
辺24・0　高7・5（親をしまったとき）
親7万円、蓋5万円

―寄せ鍋に―

ふだんうちで寄せ鍋というとバットとザルで、そのスタイルが自分に合っていると思っていましたが、使いはじめたら切溜がすごく便利ということがわかった。材料を切ってそのままどんどん切溜に入れていくだけでちゃんとさまになる。台所道具なのに、うつわとしても映える。しかもこの切溜はものすごく軽いから運ぶのも楽々です。

人を呼んで

大皿ってやっぱりちょっと面倒くさいうつわなんです。で、お客さんが大勢来たときに、この切溜に全部入れてみたら、コーディネートも考えなくてすんで、すごくラクでした。重箱と違ってひとつひとつサイズが違うというのは見た目も気軽だし、テーブルにも並べやすい。さらに、それぞれに蓋があるから、お客さんが来るまでは、蓋をして重ねて置いてもおける。蓋はお皿がわりにも、お盆がわりにもなる。切溜は場所もとらないし盛り鉢としてたいへん優秀。

菓子箱として

洋菓子だったらケーキや焼き菓子、和菓子だったらお団子や重菓子を入れて、蓋をしておけば乾燥しません。なんと言っても蓋を開けるという楽しみと、小さなもてなし感、これはラップでは絶対味わえない！　お茶の時間に人が来るときは、切溜の小さいのを菓子鉢にして使っています。

病気の母に

高齢の母が入院したときに、仁城義勝さんの四つ組のお椀をプレゼントしました。病院のうつわはプラスチックなんですね。病気の時こそあたたかみのあるうつわで食事をしてほしいなと思います。それは病人のためでもあるし、看病する側もそのほうが気持ちがホッとします。四つ椀にしたのは、年齢から言って量はそれで十分と思ったからです。軽いというのも、病人や高齢者にとっては大事なことだと思います。

入れ子組椀　仁城義勝作
高7・0　口径12・5（一番大きい椀）
一組2万3500円（税込）

ご飯を食べる

漆の飯椀は、以前「スペースたかもり」の高森寛子さんに薦められて、いつか使ってみたいと思っていたのですが、夏は磁器、冬は陶器の飯椀を使うという習慣がずっとあって、なかなか手が伸びなかったものです。今回、福田敏雄さんの個展でこれは、というのに出会いました。はじめは、とにかく毎日これで食べてみようと決めて使っていたのですが、もうやきものには戻れなくなってしまいそうです。一番の魅力は手にとったときのあたたかみ。気持ちもなごみます。季節がちょうど冬だったのもよかった。黒いうつわに白いご飯は映える。うつわって見ているだけだとわからないものだと再認識しました。

ラッパ椀（四寸）　福田敏雄作
高7・5　口径12・0　1万1000円

ハレにも洋にも

長井均さんの個展でこのお皿を見たとき、色とフォルムと大きさ、すべてにおいて惚れました。この色は長井さんが茜と呼んでいるもの、縁の反り具合も感じがいい。仕事抜きで、ほんとうに好きで買ったうつわなので、使い道を考えるのが楽しい。ほかにもいろいろ思いつきそう。

九寸皿　長井均作
径27・0　2万円

特別な日に

買ったのが12月だったので、さっそくお正月に使ってみたらなかなかめでたい気持ちになりました。重箱におせちもあこがれますが、このくらいでも十分新年の気分になります。

クロスのように

いわゆるアンダーディッシュとして。

前にも言いましたが、漆に洋風のものはイヤ、という固定観念がありました。今でも嫌なものは嫌なのですが、このお皿は洋風のものでもしっくりくる感じがします。

持ち運ぶ

プラスチックや紙のコップがいやだなあと思っているときに、たまたま赤木さんの展覧会で目に飛び込んできたのがこの猪口。旅行やちょっと出かけるときにポットにお茶を入れて持っていったりするのだけれど、プラスチックや紙のコップはいかにもわびしく、捨てるときも気分がよくない。この猪口は軽くて、重なりもよく持ち運びに便利なので、これから実践してみようと思っているところです。

猪口（本堅地塗立）　赤木明登作

高6・5　口径8・0　1万円

おわりに

僕はときどき、いや、しょっちゅう、自分の塗ったぬりものの表面を見つめては、ほれぼれしたり、ため息をついたり、「ああ、なんてきれいなんだろう」と感じ入るのです。でも、漆がこんなにも美しいのは、僕のせいではありません。漆が美しいのは、空や山や海や、木々の梢や、草々の葉や、昆虫の羽根や、鉱物の結晶と同じで、ただ自然だから美しいのだと思います。僕にできるのは素直に自然の美しさを信頼すること、謙虚になってよけいなことはできるだけしないこと（実はそれがいちばん難しい）。そうしていれば素材の自然は、勝手に美しく、あるがままでいてくれるのです。

ぬりものを買ったら、ぜひその表面を見つめてみてください。僕には、山里の小川のほとりだったり、深い森の中だったり、さまざまな場所に漆の木が立っている姿が見えてきます。雪降る冬の厳しさや、花咲く春の暖かさや、葉の茂る夏の盛りや、虫の鳴く秋の侘びしさも、同時に折り重なるように思い起こされます。

そんな宝物のような自然がうつわの形になって、今僕の手の中に、日々の食卓の上にあることがとても幸せに思えるのです。この感動を多くの人に感じてほしい。

漆のうつわは、決して個人の力だけではできあがりません。産地を支えるたくさんの職人さんたちの共同する力が、素材を用途のあるうつわの形に仕立てあげてくれます。その共同を本来支えているのは、素材に対する細やかな愛情だと僕は信じています。

２００７年3月25日に能登半島地震が発生しました。輪島市内で漆器を製造、販売する約６３０の事業所の大半が被災。この本で紹介した職人さんの家で、全壊したところもありました。大きな打撃を受けてしまった輪島の漆器業界ですが、復興に向けての頑張りがすでに始まっています。地震でも、「塗りもん」は壊れなかったぞ、と。この本が、少しでも早い復興の一助になることを祈ってやみません。

塗師◎赤木明登

「食器はお料理あってこそ」という赤木さんと高橋さん。
思わずうつわの中身に目を奪われてしまった、食いしん坊仲間の読者のために、
お二人も太鼓判のお料理レシピをご紹介します。

べんこうこ（37頁）

大崎悦子さん

ご主人・庄右ェ門さんの酒の肴に。「いしる」は能登ならではの調味料で、イカを原料とする魚醤。さすが塗師屋さん、火鉢にも漆が塗ってありました。

材料……大根、身欠きにしん、いしる（大根の半分くらい）、米麹半合、酒少々、昆布5cm角、鷹の爪1～2本
作り方……1米麹に酒を振ってしばらく置いてふやかす　2大根は皮をむいて1cm程度の輪切りにする。身欠きにしんはタワシで洗って汚れを落とす　3容器にいしると米麹、昆布、鷹の爪を入れ、大根と身欠きにしんを1～2日漬ける。1週間くらいもつが、麹の発酵が進み酸味が出てくる　4コンロに網を乗せ、できれば遠火で、表面を乾かす程度に軽くあぶる

いもだこ（37頁）

大崎悦子さん

いもだこは、秋の能登を代表する故郷の味。小さいタコ（クモタコ）を生で使います。酵素の作用なのか、里芋と一緒に煮ると驚くほどやわらかくなるそう。里芋のぬめりが気になる方は下茹でしても。

材料……クモタコ、里芋、醤油適量、砂糖（お好みで）、酒少々、鷹の爪1～2本、柚子の皮
作り方……1里芋は皮をむき、タコはさっと洗い、一口大に切る　2 1が浸るくらいの水と、柚子の皮以外の材料をすべて鍋に入れ、落とし蓋をして煮る　3里芋とタコがやわらかくなったら火を止め、味をしみこませる　4うつわに盛って、刻んだ柚子の皮をちらす

糠あじのパスタ（43頁）

大工佳子さん［蔦屋漆器店］

魚の糠漬けはいわしとさばが一般的だが、大工さんのお宅ではクセの少ないあじを使います。糠あじは朝市の「やまぐち」で。塩気があるので、「いしる」は風味づけ程度で十分。

材料（4人分）……スパゲティ400g、糠あじ1匹、オリーブオイル、いしる少々、大葉適宜
作り方……1塩を入れたたっぷりの湯でスパゲティを茹でる　2糠あじは糠を落とし、さっと洗ってペーパーで水気を拭き、皮を剥いで身をほぐす　3フライパンにオリーブオイルを入れて火にかけ、糠あじをさっと炒める　4 3に茹でたスパゲティを入れて、いしるを加えさっと和える　5うつわに盛り、刻んだ大葉を添える

しその葉にぎり（103頁）

福田美和子さん

しその香りに豆板醤のピリッとした辛さがやみつきに。ご主人・敏雄さんの趣味は、魚釣りや山菜採り、キノコ狩りなど。大葉も庭で育てた無農薬のものを使うので、大きくなった葉を摘んで、どんどん足していくそう。冷蔵庫で半年はもつそうです。

材料……大葉、醤油（大葉がひたひたになるくらい）、ごま油少々、豆板醤（好みの量）
作り方……1蓋つきの保存容器に調味料を混ぜ、大葉を漬けて冷蔵庫で保存。10日ほどして大葉がしんなりしたら食べ頃　2大葉の大きさに合わせ、ご飯を俵形に握って、葉を巻く

付録

輪島で食べた、おいしいもの

蕪と人参のスープ（20頁）

赤木智子さん

職人さんたちのごはんも作る智子さんは料理上手。職人さんたちがいつもほんとうに美味しそうに食べているのが印象的でした。

材料（4人分）……蕪4株、人参2本、焼肉用の豚肉200g、鷹の爪1本、にんにく1片、昆布5cm角、塩適量
作り方……1豚肉の表面に塩をしてラップでぴったり覆い、1時間ほどなじませる　2蕪と人参は皮をむき、人参は3等分くらいに大きめに切る　3鍋に水カップ4と材料をすべて入れ、灰汁を丁寧にすくいながら、蕪がやわらかくなるまで弱火で煮る　4塩で味をととのえる

むかごご飯（22頁）

赤木智子さん

人数が多いので、ふだんのご飯は1升炊き（！）の電気釜、少しの時は土鍋で炊きます。むかごは次女・音ちゃんが学校帰りに摘んでくるそう。

材料……米2合、むかご（ひとつかみ）、昆布5cm角、塩・酒適量
作り方……1むかごは水でさっと洗ってから塩水でゆっくり洗う　2米はといでザルにあげておく　3土鍋に米、むかご、昆布、水、酒少々、塩ひとつまみを入れてふつうに炊く

肉みそご飯（25頁）

赤木智子さん

濃いめに味付けした肉みそと野菜をご飯の上にのっけて、よく混ぜて食べます。コチュジャンを添えるとピリ辛に。野菜はレタスやきゅうり、大根を千切りにしたのでも。

材料（4人分）……合挽肉300g、玉葱半分、にんにく1片、八丁味噌100g、鷹の爪1本、醬油・酒・砂糖大さじ2、人参、かいわれ、もやし、ほうれん草、白ごま・ごま油・醬油適量
作り方……1肉みそを作る。みじん切りにした玉葱とにんにくを油で炒め、肉も加えて炒める　2 1に水150cc、酒を加え、煮立ったら八丁味噌を加え、醬油、砂糖、鷹の爪も入れて煮つまったら出来あがり　3もやしとほうれん草はサッと塩ゆでにしてごま油、醬油、白ごまで和える。人参は茹でて細切りに、かいわれは根を落として半分の長さに揃える

いちじくのコンポート（35頁）

大崎悦子さん［大崎漆器店］

黄緑色をした、熟していない白いちじくを使う。10月半ば、季節になると毎年作るというコンポート。ふつうのいちじくで作るコンポートとはまったく違う味になる。

材料……白いちじく、砂糖（いちじくの半量程度、お好みで）、白ワインまたは日本酒（いちじくが浸るくらい）、塩ひとつまみ
作り方……1白いちじくはへたを切り取り、洗って半日ほど置いて水を切る　2材料をすべて鍋に入れ、やわらかくなるまで煮る　3保存は冷蔵庫で。2日に1回くらい煮かえすと日持ちする

◎本文中の価格は原則として2007年3月現在の税別価格です。
また、現在では入手できないうつわも紹介しています。ご了承ください。

㉗漆ギャラリー 舎林
大阪府大阪市阿倍野区阿倍野筋2-4-41
tel 06-6624-2531
www.u-syarin.com

㉘大崎漆器店
石川県輪島市鳳至町上町28
tel 0768-22-0128　fax 0768-22-8677
www.osakisyoemon.jp

㉙角偉三郎美術館
石川県七尾市和倉町ワ-65-1
tel 0767-62-4000

㉚ギャラリー 日日
[東京]東京都渋谷区富ヶ谷1-43-12
tel 03-3468-9270
[京都]京都府京都市中京区新烏丸夷川下ル
tel 075-256-1270
www.nichinichi.com

㉛ギャラリー無境
東京都中央区銀座1-6-17
アネックス福神ビル5階
tel 03-3564-0256
www.mukyo.com

㉜ギャラリーわいち
石川県輪島市河井町わいち4-42
tel 0768-23-8601

㉝クラフトの店 梅屋
福岡県福岡市早良区石釜870-1
tel 092-872-8590
http://isigamakenkoumura.com/umeya

㉞工房IKUKO
岡山県倉敷市中央1-12-9
tel 086-427-0067
www.koubou-ikuko.com

㉟壺中楽
鹿児島県鹿児島市吉野町2433-17
tel 099-243-2555

㊱サボア・ヴィーブル
東京都港区六本木5-17-1
AXISビル 3階
tel 03-3585-7365
www.savoir-vivre.co.jp/

㊲瑞玉ギャラリー
東京都板橋区板橋2-45-11
tel 03-3961-8984

㊳スペースたかもり（不定期開廊）
東京都文京区小石川5-3-15　一幸庵3階
tel 03-3817-0654

㊴蔦屋漆器店
石川県輪島市河井町3-103
tel 0768-22-0072　fax 0768-22-9028
www.wajima-tutaya.jp

㊵桃居
東京都港区西麻布2-25-13
tel 03-3797-4494
www.toukyo.com

㊶藤八屋
石川県輪島市河井町4-66-1
tel&fax 0768-23-1088
www.tohachiya.net

㊷菜の花 暮らしの道具店
神奈川県小田原市栄町1-4-5 2階
tel 0465-22-2923
www.douguten.com

㊸日本橋髙島屋　7階漆器売場
東京都中央区日本橋2-4-1
tel 03-3211-4111（代表）

㊹宮崎集古堂
石川県輪島市河井町1-137-1
tel 0768-22-7188

㊺矢橋工房（銀座店）
東京都中央区銀座4-3-2　清水ビル2階
tel&fax 03-3561-8972
www.yabashi.co.jp/craft

㊻ヨーガンレール
Babaghuri（ババグーリ）
東京都江東区清澄3-1-7 1階
tel 03-3820-8825
www.jurgenlehl.jp

㊼WASALABY（ワサラビ）
東京都目黒区自由が丘2-9-19
tel 03-3717-9191
www.wasalaby.com

㊽輪島キリモト　㉗㉜㊳
輪島キリモト・日本橋三越店
東京都中央区日本橋室町1-4-1
三越日本橋本店5階　J.スピリッツ
tel 03-3274-8533
www.kirimoto.net

問い合わせ先一覧

漆のうつわを扱うお店はここで紹介した以外にもたくさんあります。また、個人の作り手はたいてい年に何回か個展を開きますので、直接お問い合わせになるか、お店に個展の案内を送ってくれるようお願いしてみることをお薦めします。

工房

工房は一般に公開していない方がほとんどです。まずは下記、または扱っているギャラリー等（丸数字参照）にお問い合わせください。

①四十沢宏治（四十沢木材工芸）　㉗㉜
石川県輪島市堀町3-8-1
tel 0768-22-0539

②赤木明登（赤木明登うるし工房）
㉗㉚㉛㉜㉝㉞㉟㊳㊵㊷㊼
石川県輪島市三井町内屋ハゼノ木75
tel 0768-26-1922　fax 0768-26-1933
www.nurimono.net

③東日出夫　㊱
神奈川県逗子市沼間3-14-26
tel&fax 046-873-7583
http://urushi-art.net

④大藏達雄　㉚
静岡県田方郡函南町軽井沢赤坂
tel 055-974-2779

⑤大場芳郎（大場漆部）　㉖㉚㊲㊳
長野県松本市岡田下岡田178-18
tel 0263-46-5716

⑥大宮静時
石川県鳳珠郡能登町字十郎原9-3
tel&fax 0768-76-0690
www.ne.jp/asahi/woodcarving/oomiya/

⑦角有伊（角漆工房）　㉙㊲㊷
石川県輪島市河井町3-135
tel&fax 0768-22-1804

⑧鎌田克慈
石川県羽咋郡志賀町鹿頭エの18番地甲
tel&fax 0767-46-1639
www.k5.dion.ne.jp/~utsuwa

⑨新宮州三　㊵
京都府宇治市五ケ庄岡本17
tel&fax 0774-32-8875

⑩高田晴之　㉗㉜㊳

⑪谷口吏　㉚

⑫長井均（長井漆工）　㉖㉗㊳
石川県輪島市河井町17-13-6
tel&fax 0768-22-3405

⑬中島和彦（中島甚松屋蒔絵店）　㉗㊳
石川県輪島市鳳至町畠田1-1
tel 0768-22-0633　fax 0768-22-0612

⑭中野知昭　㊳
福井県鯖江市河和田町12-43-1
tel 0778-65-1261　fax 0778-65-3312

⑮西端良雄（西端椀木地工房）　㊲
石川県輪島市河井町6-51-25
tel&fax 0768-22-1826
http://rokuro.shichihuku.com

⑯仁城逸景　⑰㉖㉗㉚㊳㊷

⑰仁城義勝（工房仁）　㉖㉗㉚㉝㉞㉟㊳㊷
岡山県井原市西江原町賀山7689
tel&fax 0866-62-7661

⑱畠中昭一　㊲㊸

⑲福田敏雄　㉗㉝㊳
石川県輪島市中段町平7
tel&fax 0768-22-3989

⑳三谷龍二（ペルソナスタジオ）　㉝㉟㊵㊷㊼
www.mitaniryuji.com

㉑村瀬治兵衛　㉛

㉒村山亜矢子（すはどり工房）　⑨㉗㉚㊵

㉓山口浩美　㉗㉜㊳

塗師屋 ギャラリー

㉔藹庵（しおやす漆器工房）
石川県輪島市河井町馬場崎通り3-198
tel 0768-22-5227　fax 0768-22-5294
www.shioyasu.com

㉕伊勢丹新宿店　本館5階和食器売場
東京都新宿区新宿3-14-1
tel 03-3352-1111（代表）

㉖うつわわいち
石川県輪島市河井町わいち4-42
tel 0768-23-8101

参考文献

○荒川浩和監修『合鹿椀』柳田村　1993年
○Elmar Weinmayr『NURIMONO—Japanische Lackmeister der Gegenwart』Verlag Fred Jahn, München 1996
○荒川浩和　山本英明　髙森寛子他《とんぼの本》『ほんものの漆器—買い方と使い方—』新潮社　1997年
○桐本泰一監修『いつものうるし』ラトルズ　2005年
○四柳嘉章『漆I』法政大学出版局　2006年
○四柳嘉章『漆II』法政大学出版局　2006年
○髙森寛子　大屋孝雄『漆の器それぞれ』バジリコ　2006年
○松崎堯子「人のなかのモノづくり　輪島塗が出来るまで」(論考) 2007年

写真撮影｜日置武晴

イラスト｜大橋歩

ブック・デザイン｜大野リサ+川島弘世

地図製作｜ジェイ・マップ

取材協力

赤木智子　有元葉子　うつわわいち　大崎漆器店　ギャラリー日日
ギャラリーfu do ki　ギャラリーわいち　彩漆会　高田晴之　蔦屋漆器店
福田敏雄　福田美和子　宮崎集古堂　民宿深三　山口浩美
輪島キリモト(敬称略、五十音順)

以上のほか、多くの方々のご協力をいただきました。心より御礼申しあげます。

本書に記載の情報はすべて2007年3月現在のものです。

毎日《まいにち》つかう漆《うるし》のうつわ

発行　2007年5月25日
2刷　2009年9月15日

著者　赤《あか》木《ぎ》明《あき》登《と》　高《たか》橋《はし》みどり　日《ひ》置《おき》武《たけ》晴《はる》

発行者　佐藤隆信
発行所　株式会社新潮社
住所　〒162-8711 東京都新宿区矢来町71
電話　編集部 03-3266-5611
読者係 03-3266-5111
http://www.shinchosha.co.jp
印刷所　凸版印刷株式会社
製本所　加藤製本株式会社
カバー印刷所　錦明印刷株式会社

ISBN978-4-10-602157-2 C0076